キャリア発達支援研究 2

キャリア発達を支援する教育の意義と共生社会の形成に向けた展望

【編著】 キャリア発達支援研究会

発刊に寄せて

　平成26年11月20日、次の学習指導要領の改訂に向け、「初等中等教育における教育課程の基準等の在り方について」文部科学大臣より諮問がなされました。諮問理由には、これから先の社会が大きく変化し、厳しい挑戦の時代を迎えることや個人と社会の豊かさを追求していくためには、一人一人の多様性を原動力とし、新たな価値を生み出していくことが必要との認識のもと、伝統や文化に立脚し、高い志や意欲を持つ自立した人間として、他者と協働しながら価値の創造に挑み、未来を切り開いていく力を身に付けていくための教育課程の在り方を構築していくことが必要と述べています。

　この諮問後の議論として、平成27年8月26日には、中央教育審議会初等中等教育分科会教育課程部会に設置された「教育課程企画特別部会」での検討が積み重ねられ、「教育課程企画特別部会論点整理」が取りまとめられました。

　企画特別部会の論点整理の「新しい時代と社会に開かれた教育課程」の「学校」の意義の項では、「障害の有無に関わらず、様々な人と関わりながら学び、その学びを通じて、自分の存在が認められることや、自分の活動によって何かを変えたり、社会をよりよくしたりできることなどの実感を持つことができる」としています。さらに、「新しい学習指導要領の在り方について」の「人生を主体的に切り拓くための学び」の項では、「子供たちに社会や職業で必要となる資質・能力を育むためには、学校と社会との接続を意識し、一人一人の社会的職業的自立に向けて必要な基盤となる能力や態度を育み、キャリア発達を促す『キャリア教育』の視点も重要である」と指摘しています。

　このことはまさに、キャリア発達を支援するキャリア教育の視点に立って、特別支援学校を含むすべての学校において、人と関わる学びを通して自分の存在が認められたり、自分の活動によって社会をよくしている実感が持てるようにしたりすることが重要であることを指摘していると思います。今後この考え方を踏まえ、「社会に開かれた教育課程」としてキャリア教育の内容も含め、整理・検討されることと考えられます。

　一方で、我が国が「障害者の権利に関する条約」に批准したことにより、「共生社会」を形成していくために必要となる基盤は確実に整えられてきています。この「共生社会」を形成するためにキャリア教育が果たす役割は大変重要であり、その具体的な展開の在り方についてもこれまで以上に工夫や様々な配慮が必要になると考えられます。

　このような中、キャリア発達支援研究会は、教育関係者のみならず医療や福祉・労働等の様々な関係者との協働により、キャリア教育の推進が一層充実していくことを願って活動を進めております。本書の発行もその一環であり、読者の皆様をはじめ、全国におけるキャリア教育推進関係の皆様にとって今後の参考となりましたら望外の喜びでございます。

　最後になりましたが、本書の作成にご協力をいただきましたキャリア発達支援研究会の会員の皆様、発行にご尽力をいただきました株式会社ジアース教育新社の加藤勝博社長をはじめとする編集者の皆様に心より感謝を申し上げます。

　　　　　　　　　　　　　　　平成27年12月1日
　　　　　　　　　　　　　　　キャリア発達支援研究会　会長　尾崎　祐三

Contents

発刊に寄せて

第Ⅰ部　論説
第1章　キャリア発達を支援する教育の意義と共生社会の形成に向けた展望
1　共生社会の形成におけるキャリア発達支援の意義
　　　　　　　　　　　　　　　　　　　　　　　　　菊地一文　4

2　「知識基盤社会」・「多文化共生社会」における今後のキャリア教育を展望し
　「『学ぶこと』を学ぶ」の意義を考える
　　　　　　　　　　　　　　　　　　　　　　　　　木村宣孝　14

3　地域協働活動の推進におけるキャリア発達とキャリア開発
　　　　　　　　　　　　　　　　　　　　　　　　　森脇　勤　20

4　「共生社会」の形成に向けたキャリア発達を支援する教育の可能性
　　　　　　　　　　　　　　　　　　　　　　　　　尾崎祐三　26

第Ⅱ部　実践
第1章　キャリア発達を促す実践の追求
1　キャリア教育の視点を踏まえた教育課程改善の取組
　　～生徒が自立に向け、リアリティを感じながら主体性を伸ばす教育を目指して～
　　　　　　　　　　　　　　　　　　　　　　　　　古川晶大　32

2　「つけたい力」に基づく小学部自閉症高学年学級の生活単元学習
　　～社会性の育成を重視した掃除の学習～
　　　　　　　　　　　　　　　　　　　　　　　　　竹内理恵　40

3　キャリア発達を促す授業づくり
　　～より質の高い主体的行動の獲得を目指して～
　　　　　　　　　　　　　　　　　　　　　　　　　柳川公三子　48

4　キャリアデザイン相談会の実践
　　　　　　　　　　　　　　　　　　　　川口信雄・岡本　洋　53

第2章　地域との関わりの中でキャリア発達を支援する実践

　5　地域協働活動の実践
　　　　　　　　　　　　　　　　　　　　　　　　　　　　　中村一郎　59

　6　地域協働キャリア・チャレンジの実践
　　　　　　　　　　　　　　　　　　　　　　　　　　　　　野尻　浩　66

　7　一人一人のキャリア発達を支援する
　　　　〜大学と連携した取組〜
　　　　　　　　　　　　　　　　　　　　　　　　　　　　　山本　仁　72

　8　地域を教室に一人一人のキャリア発達を促す取組
　　　　〜作業学習『ちいき』で地域に根差した実践〜
　　　　　　　　　　　　　　　　　　　　　　　　　　　　　鈴木雅義　79

第Ⅲ部　キャリア教育の広がり

　1　発達障害のある人の社会参加を促すキャリア発達支援の実際
　　　　　　　　　　　　　　　　　　　　　　　　　　　　　松為信雄　86

　2　重度・重複障害のある子供のキャリア発達支援を考える
　　　　　　　　　　　　　　　　　　　　　　　　　　　　　大崎博史　92

　3　障害児・者のキャリア発達に対するアプローチの模索
　　　　　　　　　　　　　　　　　　　　　　　　　　　　　杉中拓央　98

第Ⅳ部　「キャリア発達支援研究会第2回大会」記録　　　　　　　　105

編集委員

執筆者一覧

第Ⅰ部　論説◆第1章　キャリア発達を支援する教育の意義と共生社会の形成に向けた展望

① 共生社会の形成における キャリア発達支援の意義

青森県教育庁学校教育課特別支援教育推進室　指導主事
広島大学大学院教育学研究科　非常勤講師　菊地　一文

1　はじめに

　本稿では、平成27年7月4日に東京学芸大学において行われた、日本発達障害学会50回大会大会実行委員会企画シンポジウム1「キャリア発達を支援する教育の意義と共生社会の形成に向けた展望」の概要について報告する。

2　本シンポジウムの趣旨

　中央教育審議会による「今後の学校におけるキャリア教育・職業教育の在り方について（答申）」（2011）（以下、キャリア答申）以降、「学校が社会と協働して一日も早くすべての児童生徒に充実したキャリア教育を行うために」（2011）の公表をはじめ、文部科学省ではガイドブック等の刊行、映画とのタイアップによる広報を進めてきた。また、各省庁の連携による「キャリア教育アワード」などの取組も積極的に進められており、我が国におけるここ数年間のキャリア教育推進の動きは、まさに加速度的といえる状況にある。
　この間、特別支援教育分野においても、「共生社会の形成に向けたインクルーシブ教育システム構築のための特別支援教育の推進（報告）」（2012）（以下、インクル報告）や「全特長ビジョン　共生社会の礎を築く－10の提言」（2013）に「キャリア教育の推進」が明示された。また、学校現場においては、特別支援学校高等部学習指導要領の告示（2009）以降、知的障害教育を中心にキャリア教育への注目が急速に高まり、学校研究として採り上げる特別支援学校が年々増加する状況にある。現在この流れは、知的障害教育のみならず肢体不自由教育や病弱教育等にも広がってきており、特別支援教育分野においてキャリア教育は通常の教育と同様に、あるいはそれ以上の注目の高まりが見られ、推進が図られようとしている。
　このような状況の中、本シンポジウムの登壇者である木村氏、森脇氏、尾崎氏、そして筆者は特別支援教育分野における「キャリア教育」をテーマとした研究等に携わるとともに、シンポジウム等を継続企画・実施するなど、「キャリア教育」の理解啓発及び推進に努めてきた。そして、キャリア発達支援に関する実践及び研究の推進と充実を目的とした「キャリア発達支

援研究会」の設立に至った。

本シンポジウムではこれまでの知見を踏まえ、障害者の権利に関する条約を批准し、「共生社会」の形成及び「インクルーシブ教育システム」の構築が求められている現状における「キャリア発達を支援する教育」推進の意義を改めて捉え直すとともに、フロアを交えた討議をとおして今後の教育の動向を踏まえた進めるべき方向性について展望することを目的とした。

そこで、学校経営及び現職教員を対象とした研究及び研修等において「組織マネジメント」や「ファシリテーション」の視点を踏まえた取組を進めてきた木村氏には、知識基盤社会における「組織マネジメント」の側面から、また、学校経営及び行政の立場から「地域協働活動」を積極的に展開してきた森脇氏には、「地域協働活動による相互作用」の側面からそれぞれ話題提供いただくこととした。さらに中央教育審議会初等中等教育分科会「特別支援教育の在り方に関する特別委員会」合理的配慮等環境整備検討ワーキンググループ」主査等の経歴をもつ尾崎氏には、指定討論者として我が国が目指す「共生社会」及びその形成に向けた「インクルーシブ教育システム」の構築を踏まえ、さらには今後の学習指導要領の改訂を見据えたキャリア発達支援の可能性について提言いただくこととした。

3 特別支援教育分野におけるキャリア教育に関する研究等の推進

本シンポジウムの趣旨説明において、ここ10年ほどの特別支援教育分野におけるキャリア教育に関する研究等の主なトピックをレビューした。表1に示す。

表1 特別支援教育分野におけるキャリア教育に関する過去10年間の研究等のトピック

年	キャリア教育に関する研究等の主なトピック
2006〜2007	・知的障害者の確かな就労を実現するための指導内容・方法に関する研究(国立特別支援教育総合研究所、研究代表 木村宣孝)[*1] →特別支援教育分野において、進路指導・職業教育の充実を図る観点から、国の研究機関として初めて「キャリア教育」に接近した研究。「知的障害のある児童生徒のキャリア発達段階・内容表(試案)」を提案
2007	・発達障害研究29巻5号「障害のある人のキャリア発達と形成」(日本発達障害学会) →「職業リハビリテーション」等の当該専門分野以外の学術雑誌において、タイトルに「キャリア」のキーワードを含む特集として初の刊行。[*1]の成果の一部を報告。
2008〜2009	・知的障害教育におけるキャリア教育の在り方に関する研究(国立特別支援教育総合研究所、研究代表 菊地一文)[*2] →[*1]の継続研究として、「ライフキャリア」の視点から教育活動全体の見直しを図ることを提案。学習指導要領の改訂等を踏まえた「知的障害のある児童生徒のキャリアプランニング・マトリックス(試案)」及びその活用のためのツール等を提案。なお、本研究の知見は、その後の特総研による「特別支援学校高等部(知的障害)における軽度知的障害のある生徒に対する教育課程に関する研究」(2010〜2011、研究代表 井上昌士)、」及び「知的障害教育における組織的・体系的な学習評価を促進する方策に関する研究」(2012〜2015、研究代表 尾崎祐三)等の研究に引き継がれた。
2009	・特別支援学校学習指導要領が告示。特別支援学校高等部学習指導要領等に「キャリア教育の推進」が明示。

年	事項
2010	・全国特別支援学校知的障害教育校長会が「知的障害特別支援学校のキャリア教育の手引き」を刊行。 ・*2の成果として「特別支援教育充実のためのキャリア教育ガイドブック」を刊行。 ・アジア太平洋特別支援教育国際セミナーにおいて、*2の成果を報告。
2010～2012	・特別支援教育におけるキャリア教育の充実を図るための研修パッケージ開発（科学研究費補助金 基盤研究（C））（研究代表 菊地 一文）*3をはじめ、キャリア教育をテーマとする科研研究等が増加。 →「キャリア発達支援研究会」の前身となる「キャリア教育推進者研究協議会」を3年間に渡って開催し、キャリア教育を組織的に理解し推進するための研修内容等を研究。特別支援学校を対象としたキャリア教育の推進状況を把握するための悉皆調査を実施。
2011	・韓国特殊教育院（KNISE）・韓国特殊教育学会（KSSE）主催国際セミナーの基調講演において*2*3の成果を報告。 ・*3の成果として「特別支援教育充実のためのキャリア教育ケースブック」を刊行。 ・国立特別支援教育研究所研究紀要第38巻特集「知的障害教育におけるキャリア教育の在り方に関する研究」の刊行、NISE Bulletin Vol.11へのSignificance of Career Education in Special Needs Education and Background of the Development of a "Career Planning Matrix (Draft)" for Children/Students with Intellectual Disabilities の掲載など、*2に基づく英文論文等が広く公開
2012	・中央教育審議会初等中等教育部会による「共生社会の形成に向けたインクルーシブ教育システム構築のための特別支援教育の推進（報告）」 →「キャリア教育の推進」を示す箇所が多数明示
2013	・全国特別支援学校長会による「全特長ビジョン 共生社会の礎を築く－10の提言」における柱の1つに「キャリア教育の推進」が明示。 ・全国特別支援学校知的障害教育校長会が「知的障害特別支援学校のキャリア教育の手引き 実践編」を刊行。 ・発達障害研究第35巻4号「障害のある児童生徒・青年へのキャリア発達支援①－キャリア発達支援における主要な課題とその解決に向けた具体的方策－」*4 →特別支援教育分野における「主体的行動」「自己理解・他者理解」「本人の願い」などのキーワードに基づく様々な先行研究をキャリア発達支援の視点からレビューした特集。
2014	・キャリア発達支援研究会発足及びキャリア発達支援研究会第1回年次大会の開催（国立特別支援教育総合研究所） ・発達障害研究第36巻3号「障害のある児童生徒・青年へのキャリア発達支援②－学校教育から社会生活・職業生活への移行を中心に－」 日本発達障害学会 →「移行期」に焦点を当て、様々な「学びの場」及び「就労の場」におけるキャリア発達支援の実際や課題等をレビューした*4の続編 ・文部科学省が「キャリア教育・就労支援等の充実事業」を開始 ・キャリア発達支援研究会第2回年次大会の開催（国立特別支援教育総合研究所）および「キャリア発達支援研究1」の刊行
2015	・キャリア発達支援研究会第3回年次大会（京都大会）を予定

4 筆者らがこれまで企画・実施してきたシンポジウムのテーマ

続いて、筆者らがこれまで企画・実施してきたキャリア教育に関するシンポジウムの経緯（表2）と本シンポジウムの討議の柱について説明した。

表2　これまで企画・実施してきたキャリア教育に関するシンポジウムのテーマ

年	テーマ	大会等
2009	特別支援学校及び特別支援学級における実践事例から改めてキャリア教育の意義を問う	日本特殊教育学会第47回大会（宇都宮大学）
2010	一貫性・系統性を踏まえた学部及び学校間の連携・接続の工夫	日本特殊教育学会第48回大会（長崎大学）
2011	現在の多様な教育課題への解決方策としてのキャリア教育の可能性	日本特殊教育学会第49回大会（弘前大学）
2012	キャリア教育の評価をどのように捉え、どのように進めていくか	日本特殊教育学会第50回大会（筑波大学）
2013	キャリア教育の視点から今後のインクルーシブ教育システムの構築を展望する	日本特殊教育学会第51回大会（明星大学）
2014	再考・キャリア発達支援とは何か	日本特殊教育学会第52回大会（高知大学）

今年で7年目となる本シンポジウムでは、これまでのシンポジウムの成果に基づき、以下の2点を踏まえることとした。

1点目は、権利条約の締結や文部科学省による「インクルーシブ教育システム構築事業」等の展開といった、特別支援教育分野を出発点とした教育全体の目指す方向性からキャリア発達支援の意義や可能性を捉え直すことである。

2点目は、現在学習指導要領の改訂に向けた議論の中で新たなキーワードとして挙げられている「育成すべき資質・能力」、「探求型学習」、「アクティブ・ラーニング」等、教育全体が目指す方向性において、特別支援教育の従来から重視してきた取組を捉え直し、その在り方を検討することである。

5　話題提供及び指定討論の概要

ここでは、話題提供及び指定討論の概要を示す。なお、詳細については、14ページ以降の各氏の論説を参照していただきたい。

(1) 話題提供1
「知識基盤社会」におけるキャリア教育推進の意義と、教員個々の「多様性」を踏まえた組織マネジメント

　　　　　　　　　　　　木村　宣孝　氏

木村氏は、現在の教育の流れがcontents-baseからcompetency-baseへと転換期にあることを踏まえ、competency-based programであるキャリア教育において、何を中核とし、どのような役割を果たしていくのかについて検討していく必要があると述べるとともに、キャリア教育の推進において自身が影響を受けた、渡辺三枝子氏によるキャリア教育の実践価値（2009）や今後の我々の在り方を示唆する実践書（2010）等について解説した。

次に、高等支援学校校長時代（2011～2013）に学校の「公開研究会」を中核として進めてきたキャリア教育の実践を通じて得た、インクルーシブ教育システム構築の理念を視野にいれた校内の組織マネジメントにおける考え方（知の相互活用・相互開発に向けたアクション）について話題提供した。ここで挙げられたことは、①過去指向性と非現代性の打破、②生徒のキャリア発達には教師や親のキャリア発達も対応しているという「相互発達」の視点、③各授業における「意味づけ・価値づけ・関連づけ」の大切さ等であった。

これらの話題提供を踏まえて「ネットワーキ

ング」から「ワーキングネット」へ転換を図る必要性について提言した。

(2) 話題提供2
地域協働活動の推進におけるキャリア発達とキャリア開発

森脇　勤氏

　これまで森脇氏は、障害のある者とない者が場を共有し共に活動する「地域協働活動」が双方にとってのキャリア発達につながることや、win-winの関係を目指すことにより新たな価値を生み出す可能性につながることを一貫して述べてきた。

　話題提供の冒頭において、京都市がデュアルシステムを導入してから10年が経過し、振り返り検証していく時期であることについて述べた。また、これまでの大きな節目として、①職業学科を設置（「企業・社会から生徒も教師も学ぶ」「学校で完結しない」カリキュラムの編成）した平成16年度、②キャリア教育の理念に基づき問い直しを行うとともに「高齢者体操教室」を開始した平成18年度、③キャリア発達支援を意図的に展開するための専門教科「地域コミュニケーション」を新設した平成21年度の3つを挙げた。

　森脇氏は、デュアルシステムだけでは解決しない問題が見えた時に、「キャリア発達支援」の視点の必要性への気づきを得たとし、「イノベーションを生み出す背景となるものの本質」は、学校という場や形を作る上での背景、すなわち教師や保護者、児童生徒自身の「違い」や相互の関わりをとおした「意識変容」であると考察した。さらには、環境側の変化を促す仕掛けやプロセスについての報告をとおして、インクルーシブ教育システム構築における課題解決の可能性を示した。

(3) 指定討論
共生社会の形成のためにキャリア教育を推進する必然性と意義

尾崎　祐三氏

　尾崎氏は、キャリア答申とインクル報告の共通点について解説し、共生社会の形成やインクルーシブ教育システム構築に向けた取組の中において、これからのキャリア教育は、通常の学校における取組と特別支援教育における取組が一体となって同じ方向で行われるべきものであると述べた。そのためには、キャリアの基本要素である「環境との相互作用」「時間的流れ」「空間的広がり」「個別性」の4つの視点から授業等の取組やキャリア教育推進の課題を捉え直す必要があると提言した。

　次に、現在次期学習指導要領の改訂に向けた検討の中で挙げられているキーワードの1つである「育成すべき資質・能力」について概説するとともに、国立特別支援教育総合研究所による学習評価研究の成果を紹介し、知的障害教育が従来から重視してきた取組については、「育成すべき資質・能力」等の教育全体の枠組みから説明する必要性があると述べた。さらには、今後の特別支援教育の一層の充実のために、「育成すべき資質・能力」と実践や教育課程の関連について討議を求めた。

(4) 討議

　討議では、フロアとの質疑応答を行った後、登壇者に対してそれぞれの報告を共有することをとおして得た「気づき」や提言を求めた。その概要を以下に示す。

①フロアからの質問
質問：木村氏の資料にある「ハーディネス」と「レジリエンス」が対極に存在するという部分についてもう少し詳しくお話を伺いたい。
木村：コンピテンシー研究の中で、「ハーディネス」は「強者の中の強者」とされ、非常に優秀なというか、高いパフォーマンスを上げている人たちを研究対象としていたという経過がある。一方、「レジリエンス」は戦争と家族の死とか虐待等を経験した人たちをどうやって回復に導くかというのが元々の研究であった。障害のある子どもの中には環境との相互作用がうまくいっていない者や自己肯定感が低い者もいる。そういう子どもたちが困難な状況に出会った時に、ポジティブに回復していく力という意味合いで「レジリエンス」の重要性が注目されてきていると推察する。
質問：インクルーシブ教育システム構築を目指すうえでは、特別支援学校が取り組んできたキャリア教育や職業教育のノウハウを高等学校にも提供していくことが重要と考える。しかし、現状は高等学校における取組はかなり遅れていると思うがいかがか。
菊地：インクルーシブ教育システム構築に向けた法令改正の1つとして、学校教育法施行令22条の3に示す就学先決定等の仕組みが変わったことが挙げられ、これまで以上に多様な教育的ニーズを有する児童生徒が多様な学びの場に在籍していくことが想定される。すべての学校においてそのための基礎的環境整備と合理的配慮の提供等による「十分な教育」が求められているという背景をまずは押さえておきたい。

このことに対して、文部科学省では昨年度から高等学校段階における特別支援教育の充実を図るための委託事業を展開している。「高等学校における個々の能力・才能を伸ばす特別支援教育モデル事業」では、特例として指定校の教育課程に自立活動を位置づけており、その中でコミュニケーションや人間関係の形成に関する実践を積み重ねている。また、「キャリア教育・就労支援の充実事業」では、特別支援学校を含むキャリア教育・就労支援ネットワークの構築や、特別支援学校と高等学校の連携モデルも進められている。遅れているという指摘もあるが、高等学校では特別支援教育やキャリア発達支援の重要性がここ数年でだいぶ認識されてきていると感じている。これらの取組の動向や成果に注目しつつ、特別支援学校においてはこれまで以上に青年期を対象とした相談支援や、学校コンサルテーションなどのセンター的機能の充実が一層求められることになる。

②登壇者によるまとめと提言
木村：教職員一人一人のキャリアも複雑かつ多様であり、みな違っている。学校長として様々な組織マネジメントを進めてきたが、影響を受けてすごく変化してきていると感じる者は半数くらいであった。残りの半分は過去指向性にとらわれすぎている者、まだよく分からないといった初任者をはじめとする経験の浅い者であった。両者の一番の違いは何かと考えると「学べているかどうか」ということである。学びというものが、その人の中で起こっているかどうかというのが非常に大きいと感じた。その人なりのキャリアというのを考える上で最も重要なのは、その人の中で「学び」の深まりがいかに生まれているかということではないか。

❶ 共生社会の形成におけるキャリア発達支援の意義

　昨年、ある特別支援学校の公開研で国研の長田調査官と出会ったことがきっかけとなって、現在「個に応じたキャリア教育」という視点を踏まえたリーフレットの作成に取りかかっているところである。特別支援教育の実践も含めたリーフレットであり、非常に画期的なことだと感じている。キャリア教育は、もともと教科横断的な側面を持っている。大きな視点、価値で考えていくと、校種の違いや教科等の違いを超えて、子どもたちにとっていい教育だという部分で学び合えることが多々ある。その延長線上にインクルーシブ教育システムがあるのだと思う。

森脇氏：長い間「キャリア教育」という言葉を使いながら色々な取組を進めてきたが、やはり「地域協活動働」に取り組む中で色々なものが少しずつ見えてきた。大事なことは「あなたがいてくれてよかった」と思えるような体験やそのための環境である。その時に「自己肯定感」が育まれるということは、その子だけではなく相手も含めて自己肯定感が生み出されていくような関係性があるのではないだろうか。それを生み出す仕掛けをどうデザインしていくべきなのか。学校以外のリソースや資源はたくさんあって、私はそれを「活用」しようと思っていた。しかし、「活用」するのではなく、それを「デザイン」するということなのだろう。designの「de」は「壊す」という意味。そこから新しいものを生み出していくということ。それがこれから求められている。

　コミュニケーション能力の大切さは、どの学校でも言われているが、言葉で色々なことを説明する力ではなく、お互いに作り出す、生み出していく力、そこにコミュニケーションが派生していくのではないかと思う。

　もう1つは、学校で働いている先生方の自己肯定感の問題である。これはとても大事な視点である。先生がそこで働いていて自己肯定感を持てるような職場をつくっていくことが大切だと感じている。

　現在、京都市は文部科学省委託事業をとおして職業学科の生徒同士がそれぞれの学校に行って学ぶという「職業学科プラットホーム構想」に取り組んでいる。他校の生徒に一生懸命教えることで「学び合い」「学びの場」はつながっていく。これを普通科とのつながり、高等学校とのつながりへと広げたい。また、「自尊感情を共に育む」という視点での共同研究に取り組んでいるところである。

尾崎氏：学習評価を行う上では、目標に準拠した評価を行わなければならない。特に特別支援教育の場合、活動していればよいということにはならないはずである。何のためにその活動をやっているのかが明確にないまま、子どもが活動させられ、そのことを評価したとしたら、子どもにとっていったいどのような「学び」であったのかということになる。「活動あって学びなし」等と指摘される原因が、「学習評価」にもあるのではないかと思う。

　意欲や関心、思考・判断といった子どもの内面を評価していくことは難しい。特に知的障害のある子どもの場合、どう考え、どう判断したのかといったところを我々は丁寧に見ていかなければならない。教師が生徒に対して色々な問題提起をし、考える暇も与えずに答えを言ってしまうと思考・判断の機会はいったいどこにあ

るのか。授業は、単に情報を与えて承諾を求めるだけのものではない。障害が重いと言われる子どもであっても、しっかり待つと自分なりの動きや表現が出てくるはずである。待つことが彼らの思考・判断を大切にすることにつながる。

学習評価はその場その場で行うものではなく、ＰＤＣＡサイクルを踏まえた評価計画に基づいて進めなければうまくいかない。今回の文部科学大臣諮問の中でもこのことが示されているが、現状でも各学校において工夫しているさまざまな情報を集約しつつ、その中に「キャリア発達支援」の視点を踏まえながら展開していくことが求められよう。

6　おわりに

すべての児童生徒が「学ぶこと」に対して自分なりに「意味づけ」、「価値づけ」、「重みづけ」、「関連づけ」できるよう支援すること、即ちキャリア発達支援を重視した教育活動を組織的に展開することは、今後の教育全体のさらなる発展を目指すうえで不可欠であると考える。

キャリア教育推進上の課題（菊地、2013）として挙げられている「組織的取組」についてキャリアの基本要素の一つである「環境との相互作用」から捉え直すと、その背景には木村氏や森脇氏が指摘した教職員の「キャリア」及び「学び」の問題が推察される。改めて「振り返り」により、教職員が「職業人」として「教える」ことをとおして自身が発達・変化している存在であるということ、そして自らの「教える」行為によって児童生徒の「キャリア」に影響を与えているということを押さえていく必要がある。

最後に本シンポをとおして再確認したこととして、次の2点が挙げられる。

1点目は、異なる考えや立場の者が連携・協働することによる「発展可能性」である。年齢や障害の有無、立場等の「違い」は、「障壁」として捉えられがちであり、そのために踏み込むことをやめてしまったり、無関心になってしまったりすることが少なくない。しかしながら、2つの話題提供は双方の違いと接点を見いだすことによって新たな「気づき」や「価値」を生み出す可能性を有していることや、win-winの関係につながることを示唆している。まずはそれぞれの「思い」を共有するための仕掛け、そして「目的」や「情報」「方法」「プロセス」を共有していくための仕掛けが必要である。「気づき」や「価値」を生み出すためには、マネジメントとファシリテーションの視点が有効であると考えるが、本研究会の地方組織に位置づく北海道CEF（木村、2014；松浦、2014）や京都市キャリア発達支援研究会等では、これらの力を高めるための様々な研修等を試行してきている。これらの成果は、「共生社会の形成」及び「インクルーシブ教育システムの構築」を目指した具体的作業を進めていく上で有効な手がかりになるであろう

2点目は、近年のcontents-baseからcompetency-baseへと転換を図る教育全体の流れとこれまでの特別支援教育分野における取組との「重なり」である。

「育成すべき資質・能力」に見る各教科の内容のみにとらわれない「機能的」ともいえる能力観（key competency）や、「アクティブ・ラーニング」に見る「学びの共同化」「学びの

プロジェクト化」「個別化」といった指導方法の例示は、従来から特別支援教育分野、とりわけ知的障害教育が大切にしてきたことと大きく重なる。まさに教育全体の方向性が、特別支援教育が大切にしてきたことやキャリア発達支援との重なりを濃くしてきていると言え、大変興味深い。しかしながら、一方では尾崎氏が指摘したように、いわゆる「合わせた指導」等に見られる、実践の形骸化という課題が挙げられ、実践の本来的意味を問い直すことが求められている現状もある。

上記の課題を踏まえ、児童生徒が自身の「育ち」を実感し「学びがい」を高めたり、教職員が授業等の妥当性を高めたりする方策の1つとして、組織的・体系的な「学習評価」の活用が挙げられる（国立特別支援教育総合研究所、2015）。ここで留意すべきは評価そのものが「目的」ではなく「手段」である（菊地ら、2011）ことである。結果を突きつけて児童生徒に変化を求める評価活用ではなく、評価結果に基づいた丁寧な言語化や対話によって児童生徒がポジティブになれる評価活用が望まれる。

我々は学習指導要領への「キャリア」という文言の位置づけを機にキャリア教育に注目し、その理解に努めてきた。その時と同様に、今後も新たに挙げられたキーワードと向き合い、従来から取り組んできた実践や研究知見を関連づけ、現代的意味や価値を問い直し、言語化していくことが求められる。

次期学習指導要領の改訂に向けた動向を見ると、もはや「特別支援教育」という一分野としての議論ではなく、教育全体の流れの中での特別支援教育の在り方や捉え方が問われているとも言える。したがって本シンポジウムで挙げられた「キャリア発達支援」「学習評価」「育成すべき資質・能力」等のキーワードの理解に努め、実践に基づく議論を進めるとともに、特別支援教育以外の通常の教育の分野に対して説明していくことが一層求められるであろう。共通言語を用いて特別支援教育の意味や価値を捉え直し、すべての教育の場に対して発信していくことは、これまで特別支援教育が得てきた知見をより汎用性の高いものとして普及していくことにもつながる。その先に「包含」する教育から「融合」する教育への発展があることを期待したい。

【文献】
キャリア教育における外部人材活用に関する調査研究協力者会議（2011）学校が社会と協働して一日も早くすべての児童生徒に充実したキャリア教育を行うために．
中央教育審議会（2011）今後の学校におけるキャリア教育・職業教育の在り方について（答申）．
中央教育審議会初等中等教育分科会（2012）共生社会の形成に向けたインクルーシブ教育システム構築のための特別支援教育の推進（報告）．
育成すべき資質・能力を踏まえた教育目標・内容と評価の在り方に関する検討会（2014）論点整理．
神戸大学附属明石中学校・渡辺三枝子（2009）教科でできるキャリア教育．図書文化社．
菊地一文（2013）実践キャリア教育の教科書．学研教育出版．
菊地一文（2013）特別支援教育分野におけるキャリア教育推進の現状と課題．発達障害研究35(4)．
菊地一文（2015）共生社会の形成におけるキャリア発達支援の意義．JL NEWS 100号、日本発達障害福祉連盟．
岸本光永・渡辺三枝子（2010）考える力を伸ばす教科書．日本経済新聞出版社．
木村宣孝（2014）キャリア発達を支援する教育の推進における学校の役割．特別支援教育研究、No.687．東洋館出版社．
国立特別支援教育総合研究所（2015）知的障害教育における組織的・体系的な学習評価の推進を促す方策に関する研究研究成果報告書．

松浦孝寿（2014）教員の学びを促進させる研修―北海道CEFの取組から―. 特別支援教育研究、No.687. 東洋館出版社.
森脇勤（2011）学校のカタチ．ジアース教育新社.
森脇勤（2014）．特別支援学校高等部における地域協働活動から見えるキャリア発達支援の意味．発達障害研究36(3).
尾崎祐三（2014）共生社会の形成を目指す上でキャリア発達支援が目指すもの．発達障害研究36(3)
全国特別支援学校長会（2013）全特長ビジョン 共生社会の礎を築く－10の提言．ジアース教育新社.

第Ⅰ部　論説◆第1章　キャリア発達を支援する教育の意義と共生社会の形成に向けた展望

❷ 「知識基盤社会」・「多文化共生社会」における今後のキャリア教育を展望し「『学ぶこと』を学ぶ」の意義を考える

北海道立特別支援教育センター所長　木村　宣孝

はじめに

　キャリア教育は、子ども・若者の発達や資質等の形成に影響をもたらす環境変化と、その相互作用に焦点をあてた教育改革理念であることから、これからのキャリア教育の意義を検討する上で、今後予想される社会変化を展望し、キャリア発達を促す「『学ぶこと』を学ぶ」の意義について考えたい。

1　今日の社会変化の特徴

　国立教育政策研究所の報告書[1]において、「著しい変化」と表現される現代社会の特徴について「知識基盤社会」、「多文化共生社会」、「情報化社会」の3つの側面から整理している。その概要について最初に確認したい。
　第一に、「知識基盤社会」についてである。「知識基盤社会」は、平成17年の中央教育審議会答申「我が国の高等教育の将来像」で示された今日の社会像であるが、「21世紀は、新しい知識・情報・技術が政治・経済・文化をはじめ社会のあらゆる領域での活動の基盤として飛躍的に重要性を増す"knowledge-based society"の時代」であるとし、その特質を次のように解説している。

> 知識基盤社会の特質
> ①知識には国境がなく、グローバル化が一層進む
> ②知識は日進月歩であり競争と技術革新が絶え間なく生まれる
> ③知識の進展は旧来のパラダイムの転換を伴うことが多く、幅広い知識と柔軟な思考力に基づく判断が一層重要になる
> ④性別や年齢を問わず参画することが促進される。

　上記のような特質は、その分野の特徴に応じた現れ方をしている。この視点で社会の様々な現象を観ると、メディア等を通じて驚くべき変化や改革の姿と日々出会うであろう。
　先の報告書において、このような「知識基盤社会」では、「学校で共通で習った『知識』」がそのままの形では社会で使えず、状況に合わせて修正して活用したり、課題解決に必要な知識を検索したり、入手した知識を関連付けてまとめたり、足りない知識を自分で作ったりすることが必要」と述べている。現在、中教審で「ア

クティブ・ラーニング」の重要性が審議され、また各学校における関心も急速に高まっているが、このような学習論を必要としている社会背景を理解しておく必要があるだろう。

第二に「多文化共生社会」についてであるが、「グローバル化に伴い、異なる文化との接触が日常化する社会の多文化が進む」とし、「日本人と外国人、男性と女性、持てる者と持たざる者、健常者と障害者など（略）人々の間の摩擦や軋轢はある程度は避けて通れない」ものであり、「人が生きていくためには、こうした多文化共生社会が抱える困難さを認識しつつ、お互いの違いを認め合いながら、自分たちが納得できる共通ルールを見いだしていかざるを得ない」と述べている。

加えて、我が国の組織（集団）文化においては、「人はしばしば、自己と他者の差異にばかりとらわれ、自分とは異なる二項対立的な他者としてとらえてしまう傾向」があることを指摘し、人間の「多様性」に関しても「極めて重層的であり状況に依存する」ものであるとともに「同じ個人でも文化集団の境界を越えれば（略）時としてマジョリティからマイノリティになったりもする。すなわち、我々の主体は、社会的な関係性の中で状況的に位置づけられるもの（positionality）であり、またその位置取り自体を自分でコントロールする面もある複雑なものである」ことが述べられている。

ここで言及されている"positionality"に関して言えば、障害のある人々にとっては極めて重い社会的側面であり、国際的な障害観に立つと「障害」は環境との相互作用によってその状態像は変化する可能性を有し、しかし、障害者自身が自らの位置取りを自分でコントロールすることは、これまでほとんど困難であったと言わざるを得ないだろう。

平成25年の学校教育法施行令の一部を改正する政令」によって従来の「就学指導」の在り方が改正されたことは、教育に関する当事者の"positionality"の確保に向けた方向性の一つとも考えられる。

第三の「情報化社会」の特徴については紙面の関係で割愛するが、激変を象徴する例としては、今日の中・高校生の生徒指導上の問題の多くがSNS上で生じているなど、今日の社会の変化・様相は、その全体像の把握が容易ではないほどに極めて複雑である。

現在、中央教育審議会教育課程企画特別部会にて、今後の我が国が迎えるであろう変化を想定しつつ、学習指導要領次期改訂に向けた「論点整理」が行われてきたが、ここで論点として挙げられている「育成すべき資質・能力」の多様な見解は、今後予想される社会変化に不可欠であろうとされる能力観に立っている。

先の報告書で「21世紀に求められる日本人像」について、次の記載が目にとまった。「めまぐるしく移り変わる知識基盤社会では、答えのない課題にしばしば向き合い、適切な問いを立て、入手可能な限られた情報をもとに解に至らなければならない。そこでは、自分の考えを持ち、多様な専門性をもつ他者と協働して、問題解決することが必要となる。」。

筆者には、学校経営を担っていた際に感じた状況そのものであり、今後一層この側面が強まるであろうと思えてならない一節である。

この項で述べたかった点は、教職員も子ども

❷ 「知識基盤社会」・「多文化共生社会」における今後のキャリア教育を展望し「『学ぶこと』を学ぶ」の意義を考える

も保護者も同じ「知識基盤社会」を生き、そして、目指すべき「多文化共生社会」の中で共存していくということである。教育サービスを提供する側、サービスを受ける側の（ライフロールとしての）役割に違いがあるものの、激しく変化するであろう今後の社会に適応するために子どもに求めようとする「資質・能力」は大人にとっても必要不可欠な概念であり、「キャリア発達」の本質は「生涯発達」に目を向けた、すべての人の生涯におけるテーマであることを今ひとたび確認しておきたかったのである。

2　「学ぶことを学ぶ」の視点

生涯テーマである「career development」のために最も重要な「アクション」は何か、の問いに対してずっと考えてきた筆者にとっての一つの概念が「『学ぶこと』を学ぶ」である。

さて、渡辺三枝子氏[1]は、「子供たちの「『働くこと』の中心は『学ぶこと』」であるとしている。渡辺氏はまた、キャリア教育実践上の鍵として「キャリア教育は、児童生徒が将来生きていく社会が予測できないほどに変化に富むものになるという現実認識に立つ。(略)、予測できない時代を生きるためには、知らないことに興味や関心を抱き、予期せぬことに恐れを持たず挑戦する態度と力を育てること」こそを、学齢期において最も重視すべきこととしている。キャリアの「空間的な広がり」を意味している。

知らないこと、初めてのこと、苦手なことに挑戦することは、主に小学校高学年から中学生時期におけるキャリア発達課題の中心とされるが、今日の「生きる力」の育成観点から重要視されている「課題解決能力」とも重なり、今後一層重点をおいて取り組むべき教育課題であろう。

図は、筆者が学校経営に携わっていた時期に、教育課程の編成・実施において着眼すべき視点として示した「『学ぶこと』を学ぶ」の構造である。ここで示した視点とは、児童生徒にとっての学習の「価値概念」、「方法概念」、「目的概念」の構造である。

「『学ぶこと』を学ぶ」の視点

- 『なぜ学ぶのか』を学ぶ（→学習の「目的概念」）
- 『どうやって学ぶのか』を学ぶ（→学習の「方法概念」）
- 『何を学びたいか、学ぶことはどのように役立つか』を学ぶ（→学習の「価値概念」）

学習の土台、基本要件として子どもにとっての学習の「価値概念」、つまり一人一人の子どもにとって「学ぶことは面白いこと」を学ぶ、「何を学びたいか、学ぶことはどのように役立つか」を学ぶことである。子どもの学習に対する意欲や態度、目的意識を育てるために最も重要な基盤である。このために時に留意すべきことは、各授業の目標や内容を子どもの関心及び生活上の諸課題、または社会そのものと結びつけ、「関連付け」ながら展開することである。知的障害教育の側面からみると、従来から指導計画（単元等）の作成に当たって、生活上の様々な課題と関連付けながら実際的な状況下において授業を行うことを前提にしてきた教育であるが、子どもの興味や社会の変化は「動的」であ

り、子どもの生活や学びの「文脈」を捉えつつ改善・発展させていくことが不可欠である。

その土台に立ち、学習の「方法概念」である「どのように学ぶかを学ぶ」、つまり目的達成や課題解決には様々な方法があり、各教科や領域の学習の中で子どもが課題解決のために活用できる多様な学習方法、課題解決方法を体験し、自ら活用できるようにする経験や学びの積み重ねが重要である。本来、このような課題解決の手法や方法論は「各教科」に含まれている。例えば、前回の学習指導要領の改訂において「理科」の目標に「科学的な見方や考え方を養う」が加えられ、そのための学習の展開に当たって児童生徒の知的発達の段階を踏まえた「課題を解決するプロセス」を効果的に取り入れることが重視されるようになった。このために「教科別の指導」のみが有効であることを意味しないこと、合わせた指導においても当然意識すべき点であることは確認しておきたい。

領域等を横断して育成すべき事項としては、例として、子どもにとって困難な状況にであった時の「援助要請行動」を獲得することもその一つである。「分からないことは訊く、困ったら相談する、出来ないときは手伝ってもらう」は、言わば生涯に渡って必要なコミュニケーション及び関係形成のスキルであり、態度でもある。

さらに、「なぜ学ぶのかを学ぶ」は、学習の「目的概念」に該当するが、これは人の生涯学習としてのテーマである。高等部を卒業した生徒が就労後、「学校時代にもっと数学を頑張っておけばよかった」や「また勉強したい」と言う姿に出会うことはしばしばある。「役割」を担うことで学ぶことへの意欲・意識が新たに芽生えた経験を有する人も少なくないであろう。

このように「『学ぶこと』を学ぶ」は生涯学習のテーマであり、国連の障害者の権利に関する条約第24条の1に「障害者を包容するあらゆる段階の教育制度及び生涯学習を確保する」ことが最初に示されているように、今日特別支援教育制度の構築に強く焦点が当てられているが、生涯学習体系の整備も急務であるとの認識が必要ではないか。

平成24年に中教審の「教職生活の全体を通じた教員の資質能力の総合的な向上方策について(答申)」が出され、「学び続ける教員像」が示されたことは記憶に新しいが、変化していく社会の中で「役割」を果たしつつキャリアを発達(開発)させていくことは、生涯を通じて『学ぶこと』と切り離すことのできない関係にある。

3 「知識基盤社会」におけるキャリア教育の方向性

奈須正裕氏は、知識基盤社会において今後求められる資質・能力に関して、農耕社会、産業社会、知識基盤社会のそれぞれの特徴について以下のように述べている[2]。大変興味深い一節なので紹介したい。

奈須氏は、農耕社会では「気まぐれな自然に翻弄される不安定な状況下での生産・労働を余儀なくされたが、だからこそ人々は身の回りで生じるすべての出来事に注意を払い、思慮深く考えを巡らせ、よりよい在り方を求めて工夫を怠らず、またお互いに協力して日々の生活や仕事の改善・創造にあたっていた。」としている。

そして、産業社会の特徴について、「一方で、

❷ 「知識基盤社会」・「多文化共生社会」における今後のキャリア教育を展望し「『学ぶこと』を学ぶ」の意義を考える

産業社会は人為に基づく計画的で安定な生産・労働環境を人々にもたらしたが、それは同時に、もはや自分の才覚をかけての工夫を求められもしなければ認められもしないあり方へと、人々の精神を導く契機ともなった。産業社会は、それを可能とした産業機械のように、単純で定型的な労働を淡々と遂行できる能力と心性を人々に強く求めたのである。」としている。

この一節は、"career education"を必要とするようになった社会の変化を端的に表しているとも言える。

産業社会とは、一般的には、産業革命後、「工業化の進展によって、社会構造全体がその産業様式・システムに規定されて編成されている社会（広辞林）」とされ、欧米を中心に著しい社会変化を遂げていく過程を近代史が明らかにしているが、産業社会はその後、「脱産業社会」、「高度産業社会」または、「高度情報化社会」など社会様相の変化または発展と関連付けられ様々に「命名」されるが、「知識基盤社会」はこれらの発展形（系）として位置付いていくものと思われる。奈須氏の指摘する産業社会の特徴は、「carrer education」が、生産性の向上や便利さを追究する社会発展の中で人々の内面に生じていった「負の側面」を補うように生まれ体系化されていった心理学的アプローチに思えてならない。

渡辺氏らのキャリア教育鳥瞰図[3]によると、キャリア教育研究は、初期の職業指導において職業を選ぶ人の特性に注目し、「マッチング」や「プレースメント」に力点を置く「特性因子論」（Parsons:1909）や産業心理学（Taylor:1911）等の分野の研究から様々な文脈や研究の多様性が開発され、発達論や精神力動論によるアプローチから職業心理学やカウンセリング心理学への発展経緯、また、他方、産業・組織心理学の流れへと発展してきた経過がみてとれる。

先に述べた「負の側面」に着目するのであれば、我が国の若者の資質等の課題が環境の激変と連動して生じてきたことに伴ってキャリア教育が提唱された経緯があり、このような傾向がさらに強まっていくのであれば、今後キャリア教育の意義は一層高まっていくであろうことが示唆される。

ところで奈須氏は、続けて知識基盤社会について次のように指摘している。「いまや社会構造は再び大きな転換期を迎えている。知識基盤社会では、産業社会とは対照的に唯一絶対の「正解」は存在せず、その状況における最適解をその都度自力で、あるいは多様な他者と協働して生み出すべく、知識を豊かに創造し活用する資質・能力がすべての人に求められる。」としている。まさに、学習指導要領次期改訂に向けた論議の中核をなす予測的概念である。

奈須氏は、そのために「competency base」の教育が重要であるとしているが、これまでキャリア教育において子どもの能力育成の中心に位置付けてきたのは「competency」であり、我が国のキャリア教育の推進において「4領域8能力」から「基礎的・汎用的能力」へと概念を発展させてきた経緯がある。基礎的・汎用的能力の一部に「課題処理能力」を重視しているようにこれからの時代で求められる「育成すべき資質・能力」とキャリア教育によって育成しようとする能力がさらに接近しているように思われるが、そう考えるのは筆者だけであろうか。

現在中教審において「アクティブ・ラーニング」の導入が検討されているように、今後のキャリア教育の推進においては、「思考力」（国研提案の「21世紀型能力」より）の育成、別の言い方をすると「考える力」の育成を、障害のある子どもたちも同様に重視したキャリア教育実践の質的転換が示唆されるのである。

4 「共同」、「協同」、そして「共働」へ

　筆者は、これまでキャリア教育を推進する学校及び教職員の役割について高い関心を抱き、いくつかの提言もしてきたが、1の項でも述べたように今後子どもたちに求めようとする能力、姿勢、態度は、教職員にも保護者にも同様に求められるであろう。「キャリア」は「相互発達」する（菊池武克氏）からである。したがって、個別化（個人化）がさらに進むであろう現状において、改めて「関係性」の在り方について考えていかなければならないと感じている。

　「連携」という遣い勝手のよい言葉がある。しかし、その内実（関係性や相互作用の質）は実に様々である。筆者の所属するセンター運営の重点キーワードの一つに「つながり」を掲げているが、その目指すべき姿として「共同」「協同」「共働」の段階性を示している。

　「共同」と「協同」は日本語の意味としてはほぼ同義とされるが、「共同」は「場を共有し共に向き合う」というところに意味のニュアンスが置かれるのに対し、「協同」は「目的に向かって共に活動する」ところに意味のニュアンスが大きい。また、「共働」は、「シナジー（相乗効果）」を意味する「相互作用」を表すために充てられた言葉である。つまり、「共同」「協同」「共働」は、コミュニケーションを成立させる関係形成から具体的な「アクション」を成立させる関係へ、さらに「対話」を通じて進化・発展する「知の相互開発・相互創出」を実現する関係性の質的変化・成長を表している。

　このような関係性の進化過程は、筆者自身の経験から得られた「暗黙知」の言語化（形式知化）でもあるが、「キャリア」の「相互発達」という関係性発達の意味を表す一つではないと考えている。

　「インクルーシブ教育システム」の報告に、保護者との「合意形成」という言葉が何度も強調されているが、インクルーシブ教育システム構築に向けて、就学にかかわる市町村教育委員会と保護者との関係のみならず、学校（担任する教師）と保護者との関係、具体的には個々の子どもの「合理的配慮」を実現していくプロセスにおいて、「共同」から「協同」へ、そして「共働」を生み出す関係形成は、子どもの「キャリア発達促す教育」を目指す我々の最も重要な役割である。

1）国立教育施策研究所（2014）資質や能力の包括的育成に向けた基準の原理（報告書7）
2）奈須正裕（2014）知識基盤社会を生き抜く子どもを育てる.ぎょうせい
3）渡辺三枝子（2007）新版キャリアの心理学.ナカニシヤ出版

第Ⅰ部 論説◆第1章 キャリア発達を支援する教育の意義と共生社会の形成に向けた展望

❸ 地域協働活動の推進におけるキャリア発達とキャリア開発

京都市教育委員会　指導部総合育成支援課専門主事　森脇　勤

1　はじめに

　本稿では、筆者らがこれまで取り組んできた「地域協働活動」について振り返り、キャリア発達およびキャリア開発支援における地域協働活動の意義について述べる。

2　「コミュニケーション能力」とは何か

　昨年、京都市立堀川高等学校で平田オリザ氏による演劇ワークショップを見学する機会を得た。身体を使ったワークショップを通して「コミュニケーション」について学ぶことが目的で、参加したのは同校の2年生の生徒たちである。このワークショップの前半、2人が組になってお互いの背中をつけあって床に座り、背中をつけたままで合図をしないで立ち上がったり、目に見えないボール(エアー)で2人でキャッチボールをしたり、十数名のグループが大縄飛びをエアーで行うなど、身体全体を使い動きを通して「イメージの共有」を行う活動である。大縄飛びでは、実際の縄は見えないがその動きを見ている者もあたかもそこに縄があるかのように見えてくる。見る側も演じる側もイメージを共有している状態である。そのような状況の中に平田氏が回っている縄の間を悠然と歩きすり抜けていく。共有していたイメージは一瞬に潰れる。

　演劇の世界では演じる者と観客とがイメージを共有することで劇が成立しているが、そこに、イメージを共有していない役者が1人でもいたら劇が成立しないことに気づかされる。「コンテクスト」を理解するためのワークショップがこのような形で進められ、最後に自作のスキット(寸劇)をグループごとに演じるというものであった。

　キャリア教育を進めていく中で、人間関係の形成の視点から「コミュニケーション能力」の育成は常に中心的な課題の1つに挙げられる。演劇ワークショップの目的は、現在の状況の下で「多文化共生」や「キーコンピテンシー」の考え方を次代を担う若者たちに感じ取ってもらうことであろう。そこでのキーワードは、「対話(ダイアログ)」と「コンテクスト(文脈や状況、背景)」である。価値観の異なるものが互いに対話を通して新たな価値を生み出すためには、互いの違いを認めながらコンテクストの摺り合わせが求められる。

　我が国の特殊教育が始まって以来、今も昔も

第1章　キャリア発達を支援する教育の意義と共生社会の形成に向けた展望

この教育が目指してきたことは、「障害がありながらも、自らが社会に主体的に参加し、役割を担いながら、自分らしい生活を目指す人の育成」であることには変わりはない。その意味で、いつの時代も「自立とは何か」を問い続けてきたとも言える。社会の中で「その人らしい生き方」を実現しようとすれば、「支援する・支援される」という関係を超えた「共に支え合う関係」を構築することが求められる。自立とはそのような関係性ではないかと考える。

そのような視点からコミュニケーション能力とは何かを振り返った時に、ややもすると、挨拶が出来ないと就職出来ないとか、スキルの獲得に力を入れがちである。コミュニケーション能力とは、大きな声で返事や挨拶が出来たり、適切に報告が出来る（それも必要だが）ことだけではないように思える。むしろ、伝える技術ではなく、伝えたい気持ちを育てることが大切である。「・・・伝えたい気持ちは、伝わらないという経験からしかこないのではないかと思う」と平田オリザ氏は述べている。実際に、声を出して挨拶も返事も出来ない場面緘黙の生徒が立派に就職し、会社にとって必要な存在として10年以上働いている卒業生の姿を私はいつも思い浮かべる。

3　地域協働活動の中から見えてくるもの

(1) 白河総合支援学校における専門教科「地域コミュニケーション」の設置と職業学科開設の10年

平成21年度から前任校の京都市立白河総合支援学校高等部職業学科（以下白河総合）に新たな職業専門教科「地域コミュニケーション」を設置した背景には、高等部への入学希望者の増加だけでなく、入学してくる生徒の課題の多様化への対応が挙げられる。職業教育を専門とする学校の多くが、企業就労に必要とされる知識とスキルの獲得をカリキュラムの中心に据えた取組であるのに対して、「地域コミュニケーション」は地域の人たちへのサービス活動を中心に置いている。

平成16年に高等部普通科から職業学科に改編した白河総合では、総合支援学校版デュアルシステムと称して学校での学びと企業に赴いて実際に働く体験を通した学びをインターラクティブに取り組むことで、働くことへの意識や意欲を確かなものにしていくことにあった。また一方で、ワープロ検定やマナー研修、障害者技能競技大会アビリンピックへの参加等にも積極的に取り組んできた。その意図は、社会的な評価を受けることで自信を持つことと社会や雇用する側の企業に対しても、彼等が「出来る存在」として認識を変えてもらうことでもあった。特に、企業視点を専門教科の授業に持ち込んだり、企業における実習の頻度を劇的に増やすこと（普通科の時の3倍以上、3年間では30週間近く）によって生徒の職業能力が伸びたようにも見えた。「ようにも見えた」と言ったのは、本来、生徒自身の潜在能力を十分に理解し得なかったからである。職業学科を開設してから入学してくる生徒の何割かは、以前の普通科の時には在学していなかった可能性のある生徒が含まれているためでもある。

また、職業学科への入学条件としては、知識やスキル以上に卒業後に「企業に就職したい」

❸ 地域協働活動の推進におけるキャリア発達とキャリア開発

という「意思」を持っているかどうかを入学に際しての面接等で問い続けることで、職業学科への目的意識を持った進学を促してきた。しかし、それだけでは解決できない多くの課題がある。アビリンピックで金賞を取ることは出来るが、企業で働くことが出来ない生徒や資格検定を取ることが目的化してしまう生徒も見かけられるようになってきた。彼等の多くは、スキルや知識理解に課題があるのではなく、意欲や姿勢、社会性の育ちに何らかの課題が見られ、彼等に共通するのは、一定の学力があることで通常学級に在籍したが授業についていけなかったり、人との関係性の構築がうまく出来なかったりする中で自己を肯定的に捉えられなくなり自尊感情の構築に偏りが生まれる人たちであること、また、そのような状態が長年続くことで、意欲や持続力、協調性、感情のコントロールが難しくなるような2次的弊害が生じることである。

そのような状況の中で、地域包括支援センターから介護予防事業の1つである「高齢者体操教室」の場所提供の依頼を受けて以来、地域の高齢者と生徒との直接的な関わりが始まり、栄養教室や配食サービスへと発展していった。

高齢者との関わりが1つのきっかけとなり、平成19年に「キャリア発達の視点」で学校の在り方を改めて見直すこととなった。そして翌年、地域協働活動を中心に置いた「地域コミュニケーション」を開設した。さらにその後も生徒の増加により、平成25年には「地域コミュニケーション」の理念のみのカリキュラムによる職業学科、白河総合支援学校東山分校が開校した。

(2) 学びの場をデザインする

地域協働活動の目的は、「ありがとう」「おいしかった」「たのしかった」「またきてね」などの言葉を毎日シャワーのように浴び続けることから、社会の中で「周りから求められている自分」に気づき、「必要な存在としての自覚」を持てるようになることである。

地域の高齢者や幼児や小学生、高齢者を支援しているボランティアグループ等々、地域協働活動に見られる多様な人々（異年齢）と特別支援学校に在籍する生徒の関わりから見えてくることは、相手の「求めに応じる活動」を通して、相手も変容していき、「新たな価値＝互いに必要とする関係性」を生み出していくことである。そこでは、「はじめに答えありき」「答えを教え込む」といった指導ではなく、<u>相手の求めに応えるために「環境に身を置く」ことで、「対話」（言葉によることだけではない）が自然な形で生まれてくる</u>。

毎日のように、保育所や小学校に出かけ絵本の読み聞かせをしたり、高齢者の体操教室や配食サービスなどと活動は様々である（詳しくは第Ⅱ部「第2章」の実践6を参照）が、活動の多くが異年齢の人たちとの関わりであることが対話の幅を広げていくことになる。そして、異年齢であることが互いの「違いを前提」としているところに互恵関係が生まれ易くしている点があると考えられる。

カリキュラムには、顕在的カリキュラムと潜在的カリキュラムがあるといわれる。顕在的カリキュラムとは、簡単に言えば時間割に表されたものであり、学校や教師が意図的・計画的な働きかけによってなされるものである。一方、潜在的カリキュラム（隠れたカリキュラム）とは、教育課程外のもので、教師と子どもや子ど

第1章 キャリア発達を支援する教育の意義と共生社会の形成に向けた展望

も同士の関係性の中で「意図されない中での学び」から獲得していくものを指している。最近、この潜在的カリキュラムが「隠れた(hidden)カリキュラム」として注目されている。潜在的カリキュラムという考え方が出てきた背景には、ジェンダーなどの問題解決のための意識改革を促す意味で出てきたカリキュラム概念ではあるが、教育計画から「意識されない、意図的でない」中での対人関係の形成という意味からは、休憩時間や部活動等での授業以外の学校生活全体の中で培われるものを指している。特に現在の教育課題としての「生きる力の育成」の観点から見たとき、授業だけでなく学校生活全体の中で育むべき内容の多くがこの潜在的カリキュラムの中に潜んでいる。地域協働活動を通して育まれるものも、意図的なものと意図しないものがあり、例えば、保育園での幼児の遊びを見守る「保育補助」の場面では、その時々に何が起こるのか「予測できない『場』に身を投げ出し」幼児たちの求めに応じることになる。泣いている子やけんかしている子を前にしたときにどのように対応すればよいのか、その答えは用意されていない。しかし、対応しなければならない状況の中で、「答えは、生徒自身が見つけ出す」ことになる。さらに、「答えは1つとは限らない」。そこで私たちは、正解か不正解かを問うのではなく、「なぜその答えを出したのか」を寄り添いながら見守り、大切にしていくことが大切と考える。「こうしなさい」「こうあるべきだ」という指導は、逆効果であると考える。

地域協働活動の中には、このような生徒自身が解決していかざるを得ない場面がいくつも見られるところに「体験」としての大きな意味づけが隠されている。その意味で、教室の中での授業にはない、「指導する・される」という関係性の外にある環境での「学び」が見られる。

周りの「求めに応じるという体験」を日々繰り返し積み重ねていくことで「責任」や「役割」の意識が生まれてくる。

(3) 学校のリソースを活かした職業学科3校による「プラットホーム構想」

平成26年度より京都市では、文部科学省より「キャリア教育・就労支援等推進事業」の指定を受けて職業学科を設置する3校(白河総合支援、同東山分校・鳴滝総合支援)による合同研究に取り組んでいる。東山分校では、地域協働活動による専門教科「地域コミュニケーション」を教育課程の中心に置き、職業生活への移行に向けて働くことの基盤となる「自己肯定感」や「自尊感情」の育成を目指している。

もとより、職業学科を設置するこの3校は、卒業時点で企業就労を実現し、職業人としての生活をスタートすることを目指しているが、そのためのアプローチの方策は三者三様である。しかしながら、「働くこと」と「生活すること」を包括したキャリア形成を促す視点は共通しており、その基盤となる共通要素として「自己肯定感と自尊感情を高めること」の必要性を共通認識している。

そこで、3校の専門教科等の学習環境と長年培ってきた指導のノウハウ等のリソースを「プラットホーム化」する実践に加え、今まで白河総合で取り組んできた地域協働活動をヒントに自己肯定感を育むための「新たな学びの場」のデザインと開発を3校の共同研究を通して取り組み始めている。

3校のリソース活用とは、例えば、白河の生徒が鳴滝へ行き、白河にはないビルメンテナンスの方法を学ぶことや、逆に、鳴滝にはない喫茶サービスを白河の喫茶室で学ぶ。そこでは、自分たちが学んできた知識や技術を他校の生徒に「伝えるという活動」が発生することで、自らの「学びの意味を振り返る」機会となる。他校というリソースを活用することで両校の生徒が学び合うこと、これは、将来的には職業学科を超えて普通科にも広げ、その先には高等学校にも広げていきたいと考えている。

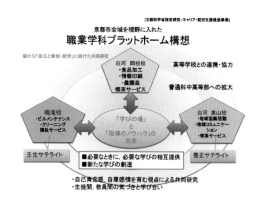

4 自立のための「前向きな妥協」と「生きる力」の育成

(1) 前向きな妥協とは何か

私たちは日々様々なことに「折り合いをつけながら」生活している。折り合いをつけることは悪い意味ではなく、自分と向き合いながら何を選ぶのかということであり、そこには意思決定が必要となる。ドナルド・スーパーは、それを「ライフ・キャリアの虹」で説明している。意思決定の積み重ねが生涯にわたるキャリア発達であり「その人らしい生き方（アイデンティティ）」を形成していくと考えられる。

「妥協」という言葉を英語では、Compromiseと表現する。この単語を辞書で引いてみると、妥協という意味の外に「傷つける」という意味もある。また、Promiseは「約束・契約」の意味である。要するに、相手を言い負かして約束を取りつけるような意味合いを含んでいる。一方、同じ妥協という表現にCommon groundという表現もある。この言葉からは、同じ立場や基盤の下での妥協の意である。日本語で妥協という言葉からは、「嫌々ながら」「無理矢理に」というようなマイナスのイメージを持ってしまう。しかし、Common groundという言葉からは、論破して相手を傷つけるのではなく、「対話」を通して互いに「新しい価値を生み出す妥協」の在り方が見えてくる。このような妥協の姿を「前向きな妥協」とすると、前向きな妥協が出来るようになるためには、自己肯定感と自尊感情が基盤として必要と考える。

(2) 今求められている資質と能力とは

昭和の高度経済成長期のような物質的な豊かさを享受する時代はすでに終わり、産業構造の大きな変化と急速な高度情報化社会の訪れと地域社会や家庭の役割や機能が崩れ、少子化と高齢化社会が進む中、「先行き不透明な時代」「激しく変化する時代」と言われる現代社会の中で、教育の目指す方向が議論されている。平成8年の中央教育審議会答申以来「生きる力」という言葉とともに、「生きる力とは何か」「なぜ生きる力なのか」「どのように生きる力を身につけたらよいのか」を子ども達の姿と社会の有りようを見比べながらすでに20年の長い時間が過ぎている。

知識基盤社会、グローバル化、情報化社会、

多文化共生社会等々の言葉が並ぶ中、今、中央教育審議会で議論されている「アクティブ・ラーニング」という言葉が一般化し学校現場での実践も広がってきている。相手の考えと自分の考えをすり合わせ、違う価値観の中から新たな価値を生み出す力であり、そのためには、「対話」が必要となる。対話とは言い方を変えれば違いを違いとして認めることから始まる。違いを受け止めて新しい価値を生み出すためにはコンテクストを読み取ることが求められる。

一方で、特別支援教育の世界でインクルーシブ教育システムの整備が進められているが、一見違う次元の話に見えるが、インクルーシブ教育システムの先にあるものは何か、すぐそこまできている今まで経験したこともないような高齢化社会の訪れとそれを支える今の若者、そして、高度経済成長時代には戻れない現実。そのような中で共生社会の在り方を地域協働活動を通して見ていくと、同じ文脈の中にあることが見えてくる。

5　おわりに

地域協働活動を通して、互いに必要とされる関係づくりを繰り返し取り組むことで、生徒間の対人関係や感情のコントロールにも影響が出てきているように考える。3校の合同研究では生徒の変容をどのようにしたら客観的に捉えることが出来るのか、また自己肯定感や自尊感情という感情を評価することは出来ないかもしれないが、明らかにしていくことを考えるプロセスの中にこそ新たな気づきがあるのではないかと考えている。

地域コミュニケーションにおける地域の高齢者や幼年者との関わりだけでは、企業に就労できるわけではない。「生きて働く基盤」となる心が耕されるためには、自己を見つめ、自己を表現する力と自己決定していくための判断力も必要である。今、次期学習指導要領の中教審からの諮問内容にも明記されている知的障害教育における教科の在り方を明らかにしていくこととも関連してくることである。

地域協働活動や産業現場実習等での「体験で得たこと」を授業等の中で意味づけ「統合」していくことが必要である。そのとき、何を、どのように、何のために統合（つなげる）するのかという視点を各教員が持つ専門性が必要であろう。以前のように、教育課程は、教務主任や学校のリーダーが考えたらよいという時代ではなくなり、教員一人一人がカリキュラム・マネージメントできる能力が求められる時期に入ってきている。そのためには、私たち自身の対話力とコンテキストを読み解く能力を身につけることが必要であると考える。そのこともキャリア教育を推進する意味の1つでもあると考えている。

【参考引用文献】
・北川達夫・平田オリザ（2008）「ニッポンには対話がない」三省堂
・平田オリザ（2012）「わかり合えないことから――コミュニケーション能力とは何か」講談社現代新書
・森脇勤（2011）「学校のカタチ」ジアース教育新社
・文部科学省（2010）「生徒指導提要」
・キャリア発達支援研究会編(2014)「キャリア発達支援研究1」
・森脇勤（2014）「特別支援学校高等部における地域協働活動から見えるキャリア発達支援の意味」発達障害研究第36巻

第Ⅰ部 論説◆第1章 キャリア発達を支援する教育の意義と共生社会の形成に向けた展望

❹ 「共生社会」の形成に向けた キャリア発達を支援する教育の可能性

キャリア発達支援研究会　会長
植草学園大学　発達教育学部　教授　尾崎祐三

1　共生社会の形成につながると考えられる特別支援教育の内容と役割

　平成24年7月の中教審報告「共生社会の形成に向けたインクルーシブ教育システム構築のための特別支援教育の推進」（以下、「インクル報告」）では、共生社会の定義を二つに分けて行っている。一つ目は、「共生社会とは、これまで必ずしも十分に社会参加できるような環境になかった障害者等が、積極的に参加・貢献できる社会である」としている。この定義から、共生社会の形成に向けての特別支援教育の役割は、社会的・職業的自立に向けてキャリア発達を促すことにあると考えられる。これに関連するキャリア教育の記述は、特別支援学校高等部学習指導要領総則の職業教育に関して配慮すべき事項にある。すなわち、「学校においては、キャリア教育を推進するために、地域や学校の実態、生徒の特性、進路等を考慮し、地域及び産業界や労働等の業務を行う関係機関との連携を図り、産業現場等における長期間の実習を取り入れるなど就業体験の機会を積極的に設けるとともに、地域や産業界等の人々の協力を積極的に得るよう配慮するものとする」としている。

　二つ目の定義で、共生社会とは「誰もが相互に人格と個性を尊重し合い、人々の多様なあり方を相互に認め合える全員参加型の社会」であるとしている。この定義で言っている、全員参加型の社会を目指す教育と関連するキャリア教育の記述は、特別支援学校高等部学習指導要領総則5の教育課程の実施等に当たって配慮すべき事項(6)にある。すなわち、「生徒が自己の在り方生き方を考え、主体的に進路を選択することができるよう、校内の組織体制を整備し、教師間の相互の連携を図りながら、学校の教育活動全体を通じ、計画的、組織的な進路指導を行い、キャリア教育を推進すること。その際、家庭及び地域や福祉、労働等の業務を行う関係機関との連携を十分に図ること。」としている。

　このように、キャリア教育の文言が初めて使われた現在の学習指導要領では、職業教育や進路指導との関連で、共生社会の形成につながるキャリア教育について述べられている。また、職業教育については「地域や産業界等の人々の協力」、進路指導ついては、「家庭及び地域や福祉、労働等の業務を行う関係機関との連携」という記述もあり、共生社会の形成に向けた学校の役

割についても具体的に述べていると考えられる。

2 これまでの特別支援教育が果たしてきた共生社会の形成に向けた役割

　平成21年度までは、学習指導要領にキャリア教育という文言が使われていなかったが、職業教育や進路指導において、共生社会の形成につながるキャリア教育が行われていたと考えられる。そこで、高等部の学習指導要領での職業教育の記述の変遷を見ることで、これまでの特別支援教育が果たしてきた共生社会の形成に向けた役割を検討する。

　知的障害教育の高等部学習指導要領は、昭和47年に初めて示されている。ここでは、教育目標を中学部の教育目標をなお十分に達成するとともに、その成果を発展拡充するものとしていた。また、各教科の名称は、「職業」と「家庭」が分けられた以外は中学部と同様とし、教科・科目制ではなく教科制とするとともに、道徳・特別活動の領域を設定し、中学校の道徳や特別活動に準ずることとしていた。当時は、高等部を設置している学校は極めて少なく、中学部卒業段階で就職できなかった生徒の受け皿となっており、そのことが、学習指導要領における高等部の位置づけに影響していると考えられる。

　昭和54年の学習指導要領では、小・中・高等学校との交流を促進することや勤労に関わる体験的な学習についての規定が盛り込まれている。一方で、高等部においては、知的障害教育養護学校の職業学科は見送られている。養護学校教育の義務制実施及び特殊教育をめぐる社会の変化に対応した改訂であると考えられる。義務制を踏まえた教育内容を定めることにより、障害の重い児童生徒のキャリア発達の支援につながる内容もこの時に定められたと考えることができる。

　平成元年の高等部の学習指導要領では、高等部の専門教科として「家政」「工業」「農業」を示すとともに、特別活動を高等学校に準ずるとしている。昭和54年の養護学校義務制以降、全国的に高等部の設置が広がったこと、高等部に入学する生徒の障害の多様化が進んだことなどの社会的な状況を反映していると考えられる。これまで、中学校や中学部の延長として高等部の教育が位置付けられていたが、知的障害教育に専門教科等を設けるなど、高等学校に準ずる方向で学習指導要領が整備され、それに伴い高等学校と同等のキャリア教育の役割が求められるようになったと考えられる。

　平成11年の学習指導要領の改訂では、「養護・訓練」の名称を「自立活動」に変更し、

目標を「個々の児童又は生徒が自立を目指し、障害による学習上、生活上の困難を主体的に改善・克服するために必要な知識、技能、態度及び習慣を養い、もって心身の調和的発達の基盤を培う」としている。そして内容を「健康の保持」「心理的な安定」「環境の把握」「身体の動き」「コミュニケーション」で示している。自立活動の目標と内容は、「誰もが相互に人格と個性を尊重し合い、人々の多様なあり方を相互に認め合える全員参加型の社会」目指すための教育内容と関連性が深くなっていったと考えられる。

　高等部の学習指導要領では、高等部の各教科の内容を2段階で示すとともに、高等部の専門教科に「流通・サービス」が新設されている。

　高等部の生徒の障害の多様化への対応とともに、高等部卒業時の進路先が、これまで製造業

等の第2次産業が中心からサービス業等の第3次産業にも広がっていることが反映されていると考えられる。

3　現在の特別支援教育が果たしている共生社会の形成に向けた役割

　平成21年の学習指導要領の改定では、全校種共通する事項として、「生きる力」という理念の共有が示された。「生きる力」とは、文部科学省のリーフレットによれば、「1　自分で課題を見付け、自ら学び、自ら考え、主体的に判断し、行動し、よりよく問題を解決する資質や能力、2　自らを律しつつ、他人と協調し、他人を思いやる心や感動する心など、3　たくましく生きるための健康と体力」であるとしている。すなわち、「生きる力」は、知・徳・体のバランスのとれた力であるとし、変化の激しいこれからの社会を生きる子供たちに身に付けさせたい「確かな学力」、「豊かな人間性」、「健康と体力」の3つの要素からなる力であると説明している。この「生きる力」の理念は、これからの社会を生きる子供たちに身に付けさせたい力であり、特別支援教育の「障害のある幼児児童生徒の自立や社会参加に向けた主体的な取組を支援する」という理念にも関連する。また、「豊かな人間性」も生きる力の要素であるので、「障害の有無やその他の個々の違いを認識しつつ様々な人々が生き生きと活躍できる共生社会の形成の基礎」となる特別支援教育を進めるためにも、全ての学校において「生きる力」を育てることが重要であると考えられる。

　特別支援学校の学習指導要領では、自立活動に新たな区分「人間関係の形成」を示すとともに、各教科等にわたる「個別の指導計画」と「個別の教育支援計画」を作成することも規定された。共生社会は、人々の多様な在り方を相互に認め合える全員参加型の社会であることから、特別支援学校の独自の領域である自立活動に人間関係の形成があることの意義は大きいと考えられる。また、特別支援学校に特別支援教育のセンター的機能としての役割を果たすことも求めている。障害のある児童生徒に対する特別支援教育や特別支援学校におけるキャリア教育の経験を生かし、近隣の学校の支援を行うことが重要であると考えられる。

　今回の改定では、知的障害特別支援学校の高等部学習指導要領では、専門教科として、「福祉」が新設されている。学校卒業後、福祉の分野で支援を受けるのではなく、支援をする役割を担う人材の育成を知的障害特別支援学校の役割とする意義は大きい。このような取り組みは、誰もが社会貢献し、多様な在り方を相互に認めあう共生社会の形成に直結するものと考えられる。

4　知的障害教育における「生きる力」の理念に基づいた学習評価の方法の検討

　現行の学習指導要領に基づいてキャリア発達を支援することが、共生社会の形成に向けた特別支援学校の役割であることをこれまで述べてきたが、このようなキャリア発達を促す取り組みに対する評価をどのように行えばよいのであろうか。

　中央教育審議会は、平成22年3月に「児童生徒の学習評価の在り方について(報告)」（以下、学習評価報告）を行っている。この報告では、「学習評価とは、学校における教育活動に関

し、児童生徒の学習状況を評価するものである」とし、「学習指導要領は、指導の面から全国的な教育水準の維持向上を保障するものであるのに対し、学習評価は、児童生徒の学習状況を検証し、結果の面から教育水準の維持向上を保障する機能を有するもの」であるとしている。また、「学習評価を踏まえた教育活動の改善の重要性」については、「各学校における学習評価は、学習指導の改善や学校における教育課程全体の改善に向けた取組と効果的に結び付け、学習指導に係るPDCAサイクルの中で適切に実施されることが重要である」としている。そして、新しい学習指導要領においても「生きる力」の理念を引きついでいるので、学力の3つの要素を踏まえて評価の観点に関する考え方を整理している。すなわち、「評価の観点について、基本的には、基礎的・基本的な知識・技能については『知識・理解』や『技能』において、それらを活用して問題を解決するために必要な思考力・判断力・表現力等については『思考・判断・表現』において、主体的に学習に取り組む態度については『関心・意欲・態度』においてそれぞれ評価を行う」としている。

この学習評価報告を踏まえ、国立特別支援教育総合研究所の知的障害教育班では、平成25・26年に「知的障害教育における組織的・体系的な学習評価の推進を促す方策に関する研究」に取り組んでいる。その中で、キャリア発達支援にかかわる学習評価について紹介する。

この研究では、「関心・意欲・態度」、「思考・判断・表現」、「技能」、「知識・理解」のいわゆる観点別学習状況の評価の4観点は、「生きる力」を評価する観点であるととらえ、観点別学習状況の評価の4観点を基に学習状況を評価することは、児童生徒一人一人の「生きる力」がどのくらい身に付いたかを評価することであるとしている。また、学習評価報告において「学習評価の考え方は、基本的には小・中・高等学校における学習評価の考え方と変わらない」と示されているので、知的障害教育においても、学力の3つの要素を踏まえた観点別学習状況の評価の4観点を基に「生きる力」がどのくらい身に付いたかを評価することは可能であるとしている。学習指導要領における知的障害教育の各教科の目標は、生活に生かすなど「生きる力」につながる目標や内容で構成されており、単元の目標を基に、観点別学習状況の評価の4観点で評価規準を作成して授業を実践し、学習状況を4観点で分析的に評価することは可能である。知的障害教育において観点別学習状況の評価の4観点で学習状況の分析的な評価を実施することは、「生きる力」が身に付いているかどうかを評価することであり、キャリア発達を促す取り組みの評価にもつながると考えられる。

5　知的障害教育におけるキャリア発達支援の枠組みと学習評価

知的障害教育にキャリア教育が導入された初期段階においては、国立特別支援教育総合研究所が平成22年に作成した「知的障害のある児童生徒の『キャリアプランニング・マトリックス（試案）』」を活用していることが多く見られた。このマトリックス表の縦軸は、キャリア教育の4つの能力領域（人間関係形成能力、情報活用能力、将来設計能力、意思決定能力）であり、横軸は小学部、中学部、高等部段階において育

❹ 「共生社会」の形成に向けたキャリア発達を支援する教育の可能性

てたい力として構成され、例えば将来設計能力の欄の小学部の段階の育てたい力には、習慣形成、夢や希望、やりがいの3つの観点が示されている。このキャリアプランニング・マトリックス（試案）の各観点は、児童生徒のできる・できないを評価するためのものではないこと、評価の観点にしないこととしている。さらに、キャリアの観点を位置付けることにより、授業や単元のねらいを絞り、指導者間で共通理解を図ることが大事であるとし、授業のねらいに関係する観点であることも明確にしている。しかし、キャリアの観点としたため、キャリア教育の評価の観点として使用している例も見受けられるようになった。そこで、先に述べた国立特別支援教育総合研究所の知的障害教育班の学習評価の研究では、キャリアの観点を「内容構成の視点」とし、観点別学習状況の評価の4観点と混同されないように、学習評価にかかわる事項においてのみ「観点」という用語を使用することとした。

　キャリア教育の視点で「生きる力」を分析的な4観点で学習評価をする実践については、研究所で行った学習評価の研究の研究協力機関であった愛媛大学附属特別支援学校で行われた。この学校は、キャリア教育の視点で、目指す子ども像として「自分のよさを生かし、自主的・主体的な生活のできる子ども、自分の思いや願いをもち、学校生活・家庭生活・地域生活・職業生活などの多様な生活の場で役割を果たし貢献できる子ども」を設定するとともに、「生きる力」の育ちを評価するために、分析的な観点（学習評価の観点別4観点）を用いて実践研究を進めた。その際、身に付けたい力を4観点設定の趣旨として明示している。例えば、4観点の一つである「思考・判断・表現」を設定する趣旨については、「学校生活、家庭生活、地域生活、職業生活等における多様な課題を、自分のよさを生かして解決するために、必要な知識・技能を活用したり、考えたこと・決定したこと等を表現したりしようとする。」と説明している。この実践研究により、キャリア教育の視点からの目標設定・支援の手立て・評価の在り方の検討したうえで、さらに、学習評価の4観点による分析・見直しを行うことで、授業を通して、結果として何を育て、何を身に付けさせたいのかがより明確になることや目標設定、支援、評価の在り方を分析的に検討できることを明らかにしている。

　この愛媛大学附属特別支援学校の学習評価にかかわる研究成果は、キャリア教育の実践場面である授業で、4観点による学習評価を行うことによって、キャリア発達の評価にもつながることを明らかにしている。

6　次期の学習指導要領の改訂における育成すべき資質・能力とキャリア発達支援

　中央教育審議会の教育課程部会は、「教育課程企画特別部会における論点整理について（報告）」を平成27年8月に行っている。この報告の「2．新しい学習指導要領等が目指す姿　(1)新しい学習指導要領等の在り方について」では、「『社会に開かれた教育課程』を実現するという理念のもと、学習指導要領等に基づく指導を通じて子供たちが何を身に付けるのかを明確に示していく必要がある」と述べている。そして、「指導すべき個別の内容事項の検討に入る前に、

第1章　キャリア発達を支援する教育の意義と共生社会の形成に向けた展望

まずは学習する子供の視点に立ち、教育課程全体や各教科等の学びを通じて『何ができるようになるのか』という観点から、育成すべき資質・能力を整理する必要がある。その上で、整理された資質・能力を育成するために『何を学ぶのか』という、必要な指導内容等を検討し、その内容を『どのように学ぶのか』という、子供たちの具体的な学びの姿を考えながら構成していく必要がある。」としている。一方、キャリア教育については、この項の「（人生を主体的に切り拓くための学び）」の中で次のように言及している。すなわち「子供たちに社会や職業で必要となる資質・能力を育むためには、学校と社会との接続を意識し、一人一人の社会的・職業的自立に向けて必要な基盤となる能力や態度を育み、キャリア発達を促す『キャリア教育』の視点も重要である。」と述べている。

このように、次期学習指導要領においては、育成すべき資質を「何ができるようになるのか」「何を学ぶのか」「どのように学ぶのか」を一体的に示され、その中にキャリア教育の視点も重要視されることになると考えられる。

また、「(2)育成すべき資質・能力について①育成すべき資質・能力について（資質・能力の要素では）」では、「学校教育法が定める学校教育において重視すべき三要素（『知識・技能』『思考力・判断力・表現力等』『主体的に学習に取り組む態度』）」に照らし合わせると、「育成すべき資質・能力を次に述べる三つの柱で整理することが考えられる」としている。すなわち「ⅰ）何を知っているか、何ができるか（個別の知識・技能）」、「ⅱ）知っていること・できることをどう使うか（思考力・判断力・表現力等）」、「ⅲ）どのように社会・世界と関わり、よりよい人生を送るか（学びに向かう力、人間性等）」として整理している。特に、ⅲ）については、「上記のⅰ）及びⅱ）の資質・能力を、どのような方向性で働かせていくかを決定付ける重要な要素」とし、「情意や態度等に関わるものが含まれる」としていることに注目したい。

さらに「②特にこれからの時代に求められる資質・能力（変化の中に生きる社会的存在として）」では、これからの社会に必要な資質・能力を身に付け、「一層多様性が高まる社会における自立と共生に向けた行動を取っていくことが求められる。」としている。3つの柱によって整理される資質・能力の要素は、共生社会の形成に向けた児童生徒の学びの要素であり、キャリア発達を支援する際の重要な視点であると考えられる。

【参考文献】

中央教育審議会「共生社会の形成に向けたインクルーシブ教育システム構築のための特別支援教育の推進（報告）」平成24年7月.

中央教育審議会「児童生徒の学習評価の在り方について（報告）」平成22年3月.

国立特別支援教育総合研究所「知的障害教育における組織的・体系的な学習評価の推進を促す方策に関する研究」平成27年5月.

中央教育審議会教育課程部会「教育課程企画特別部会における論点整理について（報告）」平成27年8月.

第Ⅱ部　実践◆第1章　キャリア発達を促す実践の追求

① キャリア教育の視点を踏まえた教育課程改善の取組

～生徒が自立に向け、リアリティを感じながら主体性を伸ばす教育を目指して～

横浜市立日野中央高等特別支援学校　古川　晶大

　本校は、昭和56年（1981年）に知的障害が軽い生徒の後期中等教育を充実し、企業就労による社会自立を目的とした職業教育を行う高等部のみの特別支援学校として開設された。開設当初からものづくり中心の「学校工場型」の職業教育を行ってきた。しかし、社会情勢の変化に伴い、学校での学びと就労職種が合わないという問題が生じてきた。また、求められる生徒像も「指示を受け指示通りにできる生徒」から「自ら考え主体的に行動できる生徒」へと変わってきた。このような経緯を踏まえ、「キャリア教育目標を設定」「教育課程の再編成」「教員の意識改革」等を通して、教員主導から生徒主体への学習スタイルへ変更した。よりリアリティを感じられるように学校の作業学習を1つの会社組織として再編した。
　今回は、平成26年度から行っている「キャリア教育の視点を踏まえた教育課程改善の取組」について、その経緯や改善の内容について報告する。

◆キーワード◆　生徒の主体性、リアリティ

1　はじめに

　本校の学校教育目標では、自己実現を目指し自立する生徒、望ましい勤労観を育み、確かな職業の力を養い、社会に貢献する生徒の育成を目指している。生徒は横浜市全域から通学しており、全校生徒は183名である。入学者選抜検査を実施し62名程度を募集している。本校の教育課程では、教科学習の1つとして職業科（職業基礎・職業情報・作業学習）が位置づけられており、生徒はこれらの学習を通して働くために必要な力を身につけている。さらに、1年次で校内実習2回（6月・11月）と1年次の1月から校外実習5回の現場実習を実施している。
　平成26年度までの卒業生は1,802名で、そのうち1,369名（76.0%）が企業に就労している。

　開設当初は、生徒の卒業後の就労先（職種）は74.1%が製造業であった。そのため、本校では開設以来34年間、「学校工場型（ものづくり中心）の職業教育」を行ってきた。しかし、社会状況の変化により、卒業後サービス業に就労す

表1　作業学習（作業種）の推移

年度	1年	2年	3年
S56～ (1981)	★9作業 木工、窯業、コンクリート、園芸、紙工、研磨、印刷、縫工、織物	★3作業 軽作業、紙工、窯業	
S61～ (1986)	★7作業 木工、窯業、コンクリート、園芸、研磨、印刷、縫工	★3作業 軽作業、紙工、窯業	
H21～ (2009)	★6作業 木工、園芸、印刷、縫工、サービス、手工芸	★3作業 軽作業、紙工、窯業	
H23～ (2011)	1～3年共通作業（9作業から選択履修） 作業着：木工、園芸、窯業、サービス エプロン：印刷、縫工、手工芸、軽作業、紙工		
H24～ (2012)	1～3年共通作業（8作業から選択履修） 作業着：木工、園芸、窯業、サービス エプロン：印刷、縫工、軽作業、紙工		

※サービスは清掃業務を学ぶ作業
※作業着は、作業着を着て行う作業
※エプロンは、エプロンをつけて行う作業
※H23年度より、2・3年の縦割り学習（合同作業）をスタートした。

第1章　キャリア発達を促す実践の追求

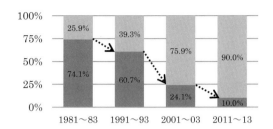

図1　卒業生の就労先（職種）推移

る生徒が増え、現在は90.0%である。このように、生徒が学ぶ作業種（表1）と卒業後の就労職種（図1）が合わないという問題が生じてきた。

2　主題設定の理由

入学する生徒の知的障害の程度も開校当初と比べて変化してきている。学校案内の設立の趣旨（表2）からも分かるように、本校では開校から25年間、軽度及び中度の知的障害の生徒を対象としていたが、平成19年度からは、知的障害等が軽い生徒を対象とするようになった。近年では、知的障害という主たる障害の他に自閉症スペクトラムを合わせ有する生徒が増加している。さらに、自尊感情や自己肯定感が低い、コミュニケーション力が低い、経験不足のため緊張感が強いなどが、近年の生徒の実態である。

このような状況から本校では、平成26年度より「生徒がリアリティを感じながら、主体性を伸ばすとともに、自己肯定感を高める教育実践」を行っていけるよう、キャリア教育の視点を踏

表2　「設立の趣旨」の表現の変化（学校案内より）

期　　間	「設立の趣旨」の表現
S56〜H18 （1981〜2006）	知的障害の程度が軽度及び中度のもの
H19〜現　在 （2007〜2015）	知的障害等が軽い生徒

まえながら、教育課程の点検と具体的な改善作業を実施した。

3　研究の方法

(1) 教育課程委員会の役割

平成26年度の教育課程の改善作業には、すべての教員が関わっていけるよう、年間7回

図2

「教育課程改善会議」を設定し、図2のような組織を編成した。

教育課程の改善作業を進めるにあたって、本校の進むべき方向性を教職員間で共有していくことができるように、教育課程委員会では、「キャリア教育目標」や「キャリア教育の視点から本校で育てたい生徒の力」（以下、「育てたい力（キャリア）」）を設定した。

> **「キャリア教育目標」**
> ★働くことや余暇活動を通して、卒業後の生活を豊かに送ることのできる生徒を育成する。
> ★自分の職場の方々、家族や友人との豊かな人間関係を形成し、長く働き続けることができる生徒を育成する。

「キャリア教育目標」では、1つ目に働くことだけでなく、余暇活動も通して豊かな生活を送ること、そして、2つ目に周りの人たちとの豊かな人間関係を形成し、長く働き続けることができる生徒の育成を目指している。

「育てたい力（キャリア）」（図3）では、平成23年1月に公表された「今後のキャリア教育・職業教育の在り方について（答申）」で示された『基礎的・汎用的能力』をベースに生徒の主体性や協働性、自己理解・他者理解、課題解決

❶ キャリア教育の視点を踏まえた教育課程改善の取組

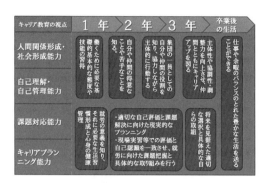

図3 「本校で育てたい生徒の力」

に向けた具体的な取組などについて、学年に応じた目標設定をしている。

(2) 各分科会での改善作業

各分科会には教育課程委員が2名ずつ入り、その他の教職員は必ず4分科会のどれかに所属し、協力して改善作業を行った。4つの分科会で行った改善作業はそれぞれ次の通りである。

|教　科|：作業学習以外の教科学習にもキャリア教育の視点を取り入れるための年間指導計画（単元構成や配列）の見直し

|作　業|：「今の時代に合った具体的な取組」が行えるように作業班の再編と「作業学習で育てたい力」の検討

|評　価|：通信票、個別の教育支援計画、個別の指導計画、就労支援のためのチェックリストの見直しと新たなアセスメント・評価方法の検討

|行　事|：学校行事（現場実習等の進路に関する行事も含む）の見直し

次項では、研究の中心「作業分科会」の改善作業を中心に述べる。

4　研究の内容

(1) 作業学習の見直し（作業班別学習から作業学習へ）

平成26年度までの作業班別学習は「作業着を着て行う4作業（園芸、木工、窯業、サービス）」と「エプロンをつけて行う4作業（軽作業、縫工、紙工、印刷）」の8作業で編成されていた。これらの作業を生徒の就労先の職種で分類すると、製造業系の作業が5つ、サービス業系の作業が3つという状況であった。

また、これまでは「挨拶、返事、報告、質問」などの働く上で必要なコミュニケーション能力の育成は、統一された目標になっていたが、「日野中央紙工株式会社」のように1つひとつの作業班が1つの会社として、作業班別学習を行っていたため、ミーティングや清掃のやり方など指導方法・内容が作業班ごとに異なるという課題も見られた。

このような状況から、生徒が学ぶ作業種（製造業系とサービス業系）のバランスを整えるため、窯業班を廃止し、製造業系作業の製品管理を行うロジスティクス課を新たに立ち上げることにした。さらに、各作業班を「日野中央カンパニー」の製造部、サービス部の1つの「課」として組織を見直し、一体感のある取組ができるようにした。それに伴い、「作業班別学習」を「作業学習」に名称を変え、各作業の名称も図4のように変更した。

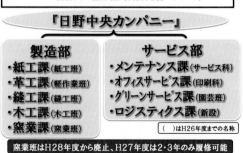

図4

平成27年度は、移行期としてとらえ、新設のロジスティクス課と平成28年度から廃止される窯業課（H27年度は2・3年生のみが履修可能）を含め、9課で作業学習を行うことにした。

(2) 作業学習で育てたい力の設定と2学年合同の縦割り学習について

「育てたい力（キャリア）」を受け、全作業課で指導の目標や方針の共通理解を進めるため、図5のような「作業学習で育てたい力」を設定した。

1年次は、挨拶・返事・報告・質問など、働く上で必要なコミュニケーション能力や集中力や体力を身につけることに加えて、3年生との縦割りの学習（週に3H）で働く意義ややりがいについて先輩から学ぶことを目標に据えた。

2年次は、自己理解や他者理解を進め、課題解決に向けた具体的な取組を行うことや3年生との縦割りの学習（週に5H）で先輩から働くために必要な態度や技能を学ぶとともに、主体的に働く意欲や態度を育てたいと考えた。

3年次は、仕事全体を把握し、仲間と相談しながら、作業スケジュールを立てる力をつけたり、1年生や2年生との縦割り学習で、後輩の手本となるように働き、リーダーシップを発揮したりできることを目指したいと考えた。

このように、「作業学習で育てたい力」を明確に設定し、以前よりも縦割り学習を増加させたことで、学年を越えて指導を行ったり、指導に当たる教員間の連絡調整をしたりする教員が必要になった。そのため、作業学習だけを指導する（作業学習の19時間をすべて担当する）作業専任を新設することにした。作業専任を設けたことで、全体を見通した計画立案が可能になり、学年間の引継ぎがスムーズに行われるようになった。また、8人の作業専任で定期的に作業専任会を行うようにしているので、各作業課の横のつながりも持てるようになってきた。

(3) 生徒の作業学習履修方法の改善

平成26年度までは「作業着を着て行う4作業（粗大な動きの作業）」と「エプロンをつけて行う4作業（手先を使う微細な作業）」から、それぞれ1つずつ選択履修し、3年生では、1, 2年生で履修した2つから1つを選択し履修していた。しかし、作業学習組織の見直しに伴い、サービス業系の作業が増えたため、就労先で求められる多様なコミュニケーション能力を養うことができるサービス部の作業をより多く経験させたいと考え、図6のような履修方法を取ることにした。これまで2つしか経験できなかった作業種を3つ経験させることでジョブローテーションを通した適性の自己理解が進み、就労に向けた経験が拡大すると考えられる（図7）。

5 生徒の主体性・協働性を伸ばす新たな取組

①ロジスティクス課の新設と作業内容

前述したようにロジスティクス課は、製造部

図5

❶ キャリア教育の視点を踏まえた教育課程改善の取組

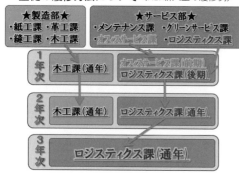

図6

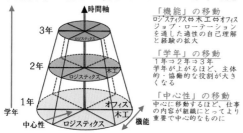

図7

写真1　自販機に商品を補充する生徒

の製品管理を中心に行う作業課である。製造部の製品管理を中心に行い、内線などを活用した入庫や出庫を進めることで、これまで独自に行われてきた作業学習の横のつながりを持たせる効果が生まれると思う。

さらに、ロジスティクス課では、自動販売機の商品管理（写真1）も合わせて行うことにした。自動販売機の商品管理の仕事には、「①商品の売上個数、売上金額の確認と売上金の回収」、「②商品のピッキング作業と売上金の計算」、「③補充作業と在庫の残り個数確認」がある。実際の商品やお金を扱うこれらの作業を通して、生徒たちには、仕事に対する責任感や緊張感、時間の意識が育ってきた。また、①～③の仕事は2人で行うので、2人で力を合わせるとスムーズに仕事が進められることに気づき、お互い声をかけ合って協力する姿が見られるようになった。さらに、自動販売機の商品管理の仕事では、買ってくれるお客様の役に立っているという仕事のやりがい、満足感も得られると考えられる。

今後は、ロジスティクス課の生徒が、全校生徒にアンケートを取り、販売する商品を決めていく「マーケティング活動」も行っていく予定である。

②地域の教育力の活用・外部機関との連携

本校の生徒の多くが自尊感情や自己肯定感が低い、コミュニケーション力が弱い、経験不足のため緊張感が強いなどの課題を抱えているが、その場合、現場実習に対する不安感や緊張感も高く、実習を休んだり、遅刻したりするなど、学校以外の初めての場所で力を発揮できないという傾向がみられる。このような状況を踏まえ、本校ではH26年度より、多様な学びの機会を設けることで、生徒のコミュニケーション能力や自己有用感・自己肯定感の向上が図られると考え、地域の教育力の活用・外部機関との連携を進めてきた（表3）。

表3　生徒の主体性を伸ばし、自己肯定感を高めるための新たな取組

取組の名称	作業課・学年等
ⅰ）CCラボ活動	各作業課
ⅱ）市営バスの清掃	メンテナンス課
ⅲ）区役所へのコケ玉のレンタル	グリーンサービス課
ⅳ）社会交流	1年生

ⅰ）CCラボは、本校生徒の多くが通学時に利用するJR洋光台駅前にある「洋光台のコミュニティを元気にする活動のチャレンジスペース」である。UR都市機構が運営する「ルネッサンスin洋光台」が、洋光台中央団地13－2号棟の1階、サンモール洋光台の施設2区画を期間限定で提供している。本校では、このCCラボのスペースを利用し、各作業課の生徒たちが地域の人たちに、自分たちが行っている作業学習を紹介したり、作業学習を体験してもらったりしている（**写真2**）。

最初は緊張していた生徒も見られたが、自分たちの活動をアピールするビラ配りをしたり、地域の方々にこれまで学んできた作業学習について説明したりする活動を通して、初めて接する地域の方とも自信を持ってコミュニケーションが取れる生徒が増えてきた。

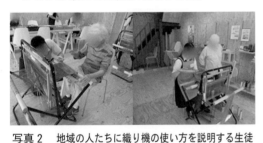

写真2　地域の人たちに織り機の使い方を説明する生徒

ⅱ）メンテナンス課の生徒が、横浜市営バスの港南営業所の協力で、月2回程度バス2台の清掃活動を行っている。生徒たちは、仲間と協力し、コミュニケーションを取りながら約1時間にわたりバスの窓や車内の座席、手すり、床などの清掃を行っている。この清掃活動を通して、できるだけ自分たちだけで考えて動くことを意識しながら、仕事に取り組むことのできる生徒が増えてきた。清掃後には、生徒たちが清掃した車両であることを示すパネルを、車両の内外に設置してもらっている。生徒たちは自分たちのがんばりを多くの人に知ってもらえ、喜びを感じている（**写真3**）。

写真3　市営バス車内清掃の様子

ⅲ）グリーンサービス課では、平成26年11月から、生徒たちが製作したコケ玉を港南区役所の窓口など13か所に設置させていただいている。コケ玉は貸与ではなく、レンタルなので、週に1度、生徒たちが区役所を訪問し、新しいコケ玉と交換してくる。始めのうちは、担当の教員も生徒たちと同行していたが、現在では、生徒たちだけで区役所を訪問し、コケ玉の交換作業を行ってくることができるようになった。この活動を通して、生徒たちは区役所の方々に自分から挨拶や自己紹介をしたり、植物の名称を聞かれて適切に答えたりするなど、多様なコミュニケーションを身につけられている。また、コケ玉の交換作業へは、縦割り学習の時間に行っているので、3年生が後輩に作業の手順やコケ玉を設置する窓口の場所を教えるなど、リーダーシップを発揮できるよい機会となっている。

ⅳ）社会交流は、1年次に2日間（1日2時間程度）、近隣駅前の商店街や地域ケアプラザの方々にご協力いただいて実施している。校内で身につけた挨拶や返事などのコミュニケーション能力を初めての場所や学校と異なる場で、1人でも実践できるか確認することを目

❶ キャリア教育の視点を踏まえた教育課程改善の取組

写真4　コケ玉の製作と区役所の窓口での交換作業

的としている。

　この社会交流で、商店街では各店舗で清掃活動や接客補助の仕事を、ケアプラザでは、利用者の方々が参加するレクリエーションの手伝いなどをさせてもらっている（写真5）。

　生徒たちの多くが、社会交流の活動を通して、交流先の方から挨拶の声の大きさや礼儀正しさをほめていただいたり、お客様や利用者の方とコミュニケーションが取れたりするなどの経験を積むことができた。

③教員主導から生徒主体の学習スタイルへ変更

　「作業学習で育てたい力」を受け、学年ごとに生徒の取組内容を明確にした上で、生徒の主体性・協働性を伸ばすためには、生徒への教員のアプローチの方法も変える必要があった。

　これまでの作業学習は、教員からの指示を受け、生徒が作業に取り組むというスタイルであった。その場合、生徒は、指示通りに作業を行うことやミスをしないようにすることに集中し、生徒の主体的な動きがほとんど見られなかった

写真5　地域ケアプラザでの社会交流の様子

図8

（図8）。

　このような状況から、ミーティングや仕事分担を3年生が主導し、行っていけるように各作業課では、「見える化」（写真6）を進め、教員が介さなくても仕事のあらゆる情報が入手できるようにした。これにより、生徒同士のコミュニケーションが生まれ、お互いに仕事の情報を活用（共有）し、仕事の組立を行うことが可能になった。それに伴い、生徒たちの作業中の発言も前向きで建設的なものに変化していった（図9）。

写真6　優先順位や納期が一目で分かる「見える化」

図9

6　成果と今後に向けて

　今回の教育課程改善の取組の成果は次の通り

である。
- キャリア教育の視点を改善の柱に据え、「キャリア教育目標」や「育てたい力（キャリア）」、「作業学習で育てたい力」を明確に設定したことで、教育課程改善に対する教職員のベクトルを揃えることができた。
- 製造部の製品を中心に校内で物流のノウハウを学ぶロジスティクス課を新設したことで、本校がこれまで作り上げてきたもの（学校工場型のものづくり中心の職業教育）を生かしつつ、今の時代に合った教育課程改善を行うことができた。
- 地域の教育力、外部機関との連携を進めたことで、生徒の主体性やコミュニケーション能力の向上、自己有用感、自己肯定感の高まりが見られた。

　特にグリーンサービス課のコケ玉レンタルの活動に対して、港南区長より卒業生にはなむけのお手紙を頂戴したり、コケ玉を置かせてもらっている各課の職員の方からお礼のメッセージをもらったりするなどした（**写真7**）。これらの活動を通して、生徒たちは、自分たちが行ってきた仕事が区役所の皆様に感謝されている（認められている）という自己有用感を高めることができた。これにより、生徒1人ひとりの自己肯定感の向上が図られたと考える。

写真7　区役所の皆様からのメッセージ

- **図10**のように、教員が「基礎的環境整備」を進め、生徒の育ちを「待ち、見守る」姿勢を持つことができるようになったことで、生徒の主体的・協働的な学びが蓄積され、キャリア発達が促されるようになった。

　今後に向けての課題は次のように整理される。

図10

- 研修会等で生徒の主体性を伸ばし、キャリア発達を促す教育について、教職員の理解をさらに深める必要がある。
- 生徒がリアリティを感じられる今の時代に合った作業内容をこれまで以上に提供していけるよう、指導方法や内容を充実させていくことが大切である。
- 地域の方々や関係機関との連携を強化し、WIN-WINの関係を構築していくことができるよう、ＣＣラボの活動や社会交流などをさらに充実させていく。

【参考文献】
1）菊地一文（2013）実践キャリア教育の教科書，学研教育出版
2）キャリア発達支援研究会（2014）キャリア発達支援研究1，ジアース教育新社
3）国立教育政策研究所（2015）生徒指導リーフ「自尊感情」？それとも、「自己有用感」？，生徒指導・進路指導研究センター

第Ⅱ部　実践◆第1章　キャリア発達を促す実践の追求

❷ 「つけたい力」に基づく小学部自閉症高学年学級の生活単元学習
～社会性の育成を重視した掃除の学習～

京都府立中丹支援学校　竹内　理恵

　本校は、開校30年目の節目に、これまでの教育課程と教育実践を振り返り、全校的な教育課程の検証を行った。学校教育の中でつけたい力とは何か、検討を重ね、位置づけが曖昧になっていた「各教科等を合わせた指導」―特に生活単元学習―についても、校内研究をとおして改めて理解を深めた。そのような全校的な取組の中で、小学部高学年の自閉症学級においても、生活単元学習の授業研究に取り組んだ。本稿では2年にわたる掃除の活動を単元とする学習について、指導目標や手立て、学校や地域の生活への般化の取組を紹介する。単元の終わりには、校内で身につけた力を生かして地域の公民館の掃除に取り組み、地域の方との交流も生まれた。それは、教科の学習における文字や数の学習、自立活動における人との関わりやコミュニケーションの学習等、日々の基礎的な学習を積み上げることで可能になった、自閉症の児童8名による共同の学習である。
◆キーワード◆　生活単元学習、掃除、社会性、小学部自閉症学級の教育課程

1　はじめに

(1) 本校の概要

　本校は京都府北部に位置する知肢併置の特別支援学校であり、小学部には39名の児童が在籍している。小学部は自閉症の学級と知的障害の学級に分かれており、本稿では自閉症高学年の学級（8名）における生活単元学習の実践を取り上げる。

(2) 全校的な教育課程の検証

　本校は、開校30年の節目にこれまでの教育課程と教育実践を改めて振り返り、約3年間をかけて、全校的な教育課程の検証を行った。「教育課程検討プロジェクト」を中心として、教務部・研究部と連携し、「つけたい力」一覧表の作成（図1）と、各教科・領域、各教科等を合わせた指導それぞれにおける指導時間数の見直しを行った。本校の「つけたい力」として「①基本的な生活習慣、②健康に生きる、③伝える・きく、④人と関わる、⑤学ぶ・はたらく、⑥地域で暮らす」の6つの柱に整理した。

(3) 「各教科等を合わせた指導」の検証　～研究部を中心として～

　前述の教育課程の検証と並行し、位置づけが曖昧になっていた「各教科等を合わせた指導」、なかでも生活単元学習に焦点を当てて校内研究を行った。「単元とは何か」についての理解が曖昧であったり、どのようなテーマ設定をするのがふさわしいか、またどのように発展させていけば良いのか疑問があったりする等、生活単元学習をめぐる様々な課題が職員間で共有されていた。そこで、教育課程を検証する一環とし

B2

	項目	小学部低学年		小学部高学年		中学部	高等部
		自閉	知的	自閉	知的		
		4歳〜		4歳〜		4〜6歳	5歳〜7歳
基本的な生活習慣	身辺自立	指示を受けながら身の回りのことを自分でする。(排尿便、着替え、靴の履き替え、歯磨き、手拭き、うがい、手洗い、身体洗い)		身の回りのことについて手順が分かり、自分でする。(登下校時の準備、外出時の活動、トイレ、給食時の活動)	身の回りのことを自分でする。(登下校時の準備、外出時の活動、トイレ、給食時の活動)		
	身だしなみ			身だしなみを意識する (シャツ入れ、チャック、ボタン)		身だしなみを整える。	身だしなみを整える。(服をきちんと着る)
	清潔			指摘を受けて清潔を保つ行動をする。(手洗い、うがい、歯磨き)		清潔を意識する 。(手洗い、うがい、歯磨き 、身体洗い、洗髪、発汗後の着替え)	清潔を保つ。(着替え、入浴、洗髪、歯磨き、爪切り)
	規則正しい生活	毎日同じリズムで生活する。				生活リズムを整える。(早寝早起き、朝食)	生活リズムを整える。(早寝早起き、朝食、テレビ、ゲーム、時間の意識)
	整理整頓	身の回りのことを整える。(朝と帰りの準備、掃除)		整理整頓をする。(ロッカー、机)		整理整頓を意識して、行動する。(ロッカー、机、鞄等)	整理整頓をする。(ロッカー、机、鞄等)
						自分の物とみんなの物を区別して管理する。	持ち物を管理する。
						表を見ながら活動に必要なものを準備する。	活動に必要なものを聞いて、準備する。
健康に生きる	体力の維持・向上	基本的な運動を通して、丈夫な体をつくる。		基本的な運動を通して、体力をつける。		運動の習慣を身につけ、体力をつける(筋力、持久力をつける)	毎日運動をして体力を向上する (筋力、持久力を向上する)
	健康状態の把握、維持改善	体調不良を訴える。		体調不良を伝える。		自分の体調について説明する。	
		活動と休憩の切り替えをする。					体調に合わせて休養をとる。
						体重を計り、増減を意識する。	体重を計る習慣をつけ 増減を意識する。
		定期健康診断を受ける。				定期健康診断を受け、身体の状態を意識する。	
						感染症予防をする。(マスクをつける、咳エチケット)	
	通院、服薬	医療の受診、服薬をする。		医療の受診をする。			
				服薬をする。		服薬を覚えておく。	自分で正しく服薬する。
	食生活	様々な食べ物を食べる。		好き嫌いせず 進んで食べる。		好き嫌いせず適切な量を食べる 。	好き嫌いせず適切な量を考えて食べる。
	衣服の調整	促されると衣服の調節をする。				気候に応じて衣服 を着脱する。	
伝える・きく	要求の受容と表出	絵カードやことばで要求を伝える。	自分の思いや要求を言葉や文字で伝える。	絵カードやことばで要求を伝える。	自分の思いや要求を言葉や文字で伝える。	自分の思いや考えを相手に伝える。	自分の思いを相手に適切に言葉で伝える。
							相手を見て話す。
			相手の思いを受け止める。		相手の思いを受け止める。		
		話を聞く。		相手の顔を見て話を聞く。	集中して話を聞く。	人の話を最後まで静かに聞く。	
	言語の受容と表出	支援を受けて体験したことを伝える。		体験したことを伝える。		体験したことを感想を交えながら伝える。	見聞きしたことを相手に分かりやすく伝える。
				自分に関する質問に答える。	様々な質問に答える。	様々な質問に理由をつけて答える。	相手の話題に応える。
	コミュニケーション手段の選択・活用						
	意思表示	2つの選択肢から選ぶ。		複数の選択肢から選択する。		したいことを自分で決定して伝える。	
	質問			困ったときに身近な人に伝える。		困ったことを近くの人に伝える 。	困ったことを誰かに伝える。

図1　「つけたい力」一覧表

て、研究部を中心に、生活単元学習の理解を深め、より良い授業づくりを目指すこととした。

どの学級も年間1回の研究授業と事後研究会を行うとともに、年2回の全校研修会を開き、「生活単元学習とは何か」「基本的な留意点は何か」を学習した。その成果として、『生活単元学習ガイドブック』も作成した（図2）。

生活単元学習チェックリスト

【　改善前　・　改善後　】

3…できている　2…もう少し　1…できていない

年間指導計画	年間をとおして多種多様な経験をすることができる計画になっているか。(買い物だけ、調理だけ、校外学習だけに偏っていないか)	3・2・1
	年間をとおして各教科の目標と内容が広範囲に取り扱われた計画になっているか。	3・2・1
単元	「単元」として組まれているか。(「毎週1回」等、固定化されたものになっていないか)	3・2・1
	それぞれの単元の期間は適切か。(長すぎたり短すぎたりしていないか)	3・2・1
	それぞれの単元が時期・季節に合っているか。	3・2・1
	単元名は児童生徒にとって目標や意欲を高めたり内容が分かったりするものになっているか (ex. ただの「調理」「生活」等になっていないか)。	3・2・1
	他の教科・領域と関連した内容になっているか (算数でお金について学習した後買い物学習に出かける等)	3・2・1
	一定期間継続して十分な活動量を保って取り組める単元・生活年齢にふさわしい単元となっているか。	3・2・1
	活動やテーマは精選され絞られているか。	3・2・1
	児童生徒の知的障害の状態や興味・関心に応じるとともに、「今やりたい」活動だけでなく、「やりたいと思うだろう」新しい活動内容やチャレンジのある活動内容も含まれているか。	3・2・1
目標	それぞれの児童の、生活上の課題に合った目標・内容となっているか。(学校や地域の特色、現代の生活様式を踏まえたもの。)	3・2・1
	昨年度以前の個別の指導計画と見比べて、児童の目標が系統的で発展的になっているか。(児童の目標がレベルアップしているか。毎年同じような目標・内容ばかり扱っていないか。)	3・2・1
	目標は具体的な記述（客観的に評価できる動詞）になっているか。「主体的に」「協力する」等を評価する際の判断基準が指導者間で共通理解できているか。	3・2・1
授業 できる状況づくり	生活に結び付いた、必要性のある実際的・必然的な場面が設定され、自然な活動の流れになっているか。	3・2・1
	すべての児童生徒が参加できるものになっているか。(得意なことを活かした役割分担や担当があるか。)	3・2・1
	児童生徒自身が目標や見通しをもって意欲的に学習活動に取り組めるか。	3・2・1
	児童生徒の意欲を掻き立てる導入の工夫を行っているか。	3・2・1
	学習の場所、物の配置、動線、教材教具、手立ては一人一人に合わせた適切なものであるか。	3・2・1
	起承転結や初盤・中盤・終盤の構成が工夫されているか。	3・2・1
	単元の目標、本時の目標、日程計画等が児童生徒自身に示されているか。	3・2・1
集団	個人差の大きい集団にも適合するか。(取組の早い児童生徒が退屈しないように、取組の遅い児童生徒が途中で活動を打ち切られないように。)	3・2・1
	一人一人の児童生徒が力を発揮し、主体的に取り組むとともに、集団全体で単元の活動に協力・共同して取り組めるものであるか。	3・2・1
	集団の構成は、児童生徒の時期や実態に応じて編成されているか。(学級→複数学級→学部→さらに大きな集団)	3・2・1
	仲間を意識しやすく活動しやすい物の配置や動線が作れているか。(ex. 友だち同士向き合った形や材料がスムーズに流れていくよう工程順に横並びにする等。)	3・2・1
般化	身に付けた内容は、実際の生活に活かすことができるか。	3・2・1
	単元終了後に、必要な知識・技能の獲得と、生活上の望ましい習慣・態度の形成（QOL の向上）が図られるか。	3・2・1

活用方法

① 右上の「改善前・改善後」のどちらかに○をつけ、前後で見比べられるようにする。→「改善前　・改善後」

② 項目に沿って、3・2・1のいずれかに○をつける。→「3・②・1」

③ 活用する時期：(1) 年間指導計画作成時 (2) 指導案作成時（事前研）(3) 事後研を受けての指導案改善後にチェックする。

図2　生活単元学習ガイドブック

2　小学部自閉症学級（高学年）の生活単元学習（1年目）「掃除名人になろう」

(1)　題材設定の理由

このような取組の経過の中で、小学部自閉症の学級においても、これまでの課題を踏まえ、新たな生活単元学習を構想した。「生活単元学習の基本的な留意点」に照らし合わせながら、本題材の設定理由について述べる。

まず、本学級の児童は、掃除用具への興味・関心が高く、教室にごみが落ちていて、指導者

がほうきを出すと、共にやりたがったり、ちりとりを自ら出してきたりすることがあった（「(ア)単元は、実際の生活から発展し、児童生徒の知的障害の状態等や興味・関心などに応じたもの」であること）。また、毎日20分間の掃除の時間では、スケジュール表を活用して、雑巾がけや机運び等の基本的な活動であれば自立して活動を進められるという実態があった（「(イ)単元は…（中略）身に付けた内容が生活に生かされるものであること」「(エ)単元は、一人一人の児童生徒が力を発揮し、主体的に取り組む…（中略）ものであること」）。その反面、身体の使い方のぎこちなさや生活経験の乏しさから、自在ほうきを使ってまっすぐ前に掃き進めることや、掃除機を両手で持って前後に動かすことが難しい等、掃除の技能面において課題が見られた。

本来、掃除という題材は、家庭でのお手伝いや生活への般化の度合いが高く、将来どの職場であっても必要とされる技能である。また、手順表を読んだり、必要な数の用具を準備したり、友達と協力して物を運んだりする活動を含み、国語科や算数科で学ぶ文字や数、自立活動の授業における「身体の動き」「人間関係の形成」「環境の把握」等、各教科等で身につけた力を生かす「各教科等を合わせた指導」という観点からもふさわしい題材であると考える。

具体的には、校内の様々な教室の掃除を経験することで、掃除用具の使い方や場所に応じた掃除の仕方を学ばせたいと考えた。また、協同学習を進める上で不可欠となる社会性に関しても、低学年の時期から友達同士の集団活動を様々に経験してきており、自ら「〇〇君（一緒に持って）」「せーの」と言葉をかけたり一緒に物を運んだりする等、他者と協同する力を徐々につけてきている。この力を生かし、友達と協力・分担して活動する力を育てたいと考え、本題材を設定した。

(2) 授業の実際（目標、単元計画、手立て）

単元の目標と単元計画は以下のとおりである。
①班の友達と協力して物を運んだり、自分の担当の場所を自在ほうきや掃除機で掃除したりすることができる【人と関わる】。
②準備から片づけまで、手順表を使い、自立して掃除を進めることができる【学ぶ・はたらく】。
③掃除検定の日程を知り、表彰状を得ることを理解して、正しい手順で掃除することができる【地域で暮らす】。

＜単元計画＞

	指導内容		時間	学習内容及び指導のねらい
第1次	・掃除の意味理解 ・単元全体の見通し		第1時間	・掃除の意味や掃除用具の名称を知ることができる。 ・単元全体の見通しを知ることができる。 ・校内を掃除することができる。
	・掃除用具の使い方練習		第2時間	・教室で自在ほうきの使い方、台拭きの仕方を練習する。 ・校内を掃除する。
	・準備物の制作（手順表作り・雑巾縫い）		第3時間	・パソコンで手順表を作る。 ・雑巾を縫う。
			第4時間	・教室で、掃除機やカーペットクリーナーの使い方を練習する。 ・校内を掃除する。
第2次	・校内掃除		第5時間	・同じ班の友だちを知り、手つなぎダンスをする。 ・役割分担して校内を掃除する。（多目的ホール・階段・生活学習室）
			第6時間	・同じ班の友だちと手つなぎダンスをする。 ・掃除用具を正しく準備する。 ・役割分担して校内を掃除する。（療育室・生活学習室・プレイルーム・音楽室）
			第7時間	・自ら友だちの名前を呼ぶ。 ・チェックリストを使って自分たちで掃除用具を準備する。 ・役割分担して校内を掃除する。（療育室・生活学習室・プレイルーム・音楽室）
			第8時間	・用具準備チェックリストと手順表を使って、準備から片付けまで、正しい手順で掃除する。 ・振り返りシートに記入し、本時の活動を自己評価する。
			第9時間	・用具準備チェックリストと手順表を使って、準備から片付けまで、正しい手順で自立して掃除する。 ・振り返りシートに記入し、本時の活動を自己評価する。
第3次	・掃除検定		第10時間	・掃除検定のポイントを知り、用具を正しく使って掃除をする。 ・担任から検定の評価を受け、メダルを受け取る。
			第11時間	・掃除検定のポイントを知り、用具を正しく使って掃除をする。 ・めあてに則して活動を振り返る。 ・総括主事から検定の評価を受け、表彰状を受け取る。

第1章　キャリア発達を促す実践の追求

写真2　　　　　　写真3

掃除用具の基本的な使い方の習得をねらいとしながらも、小学部段階であることから、技能の向上に重点を置くよりも、まずは友達と一緒に活動を進めることを重視した。例えば、雑巾を縫い合わせてつなげた長雑巾（筑波大学附属大塚特別支援学校研究紀要第57集掲載の「きずな雑巾」を参考）を3人1組で使ったり、3人1組でかたまって自在ほうきを掃き進めたりする等である。このように協同活動を取り入れることで、友達が準備できるのを見て待ったり、「よういドン。」とかけ声をかけたりすることをねらった。また、1人では活動を進めにくい児童も、他の児童が活動をリードすることで、指導者の支援なしに活動することができた（**写真1**）。

写真1

また、達成感を高める工夫として、手順表に1つずつシールを貼っていくことで、作業の終わりが目で見て確認できるようにしたり、環境面の工夫として、用具の置き場所やごみを集める場所を四角い枠でマーキングしたり、掃除機を真っ直ぐ前後に動かせるよう支援するT字型ツール、自在ほうきを動かす方向が分かる「掃き棒」を示したりした（**写真2**）。窓拭きでは、内側と外側で友達同士が動きを合わせる活動も取り入れた（**写真3**）。

共同の学習を進める力は、本授業だけで一朝一夕に身につくものではなく、低学年段階からの積み重ねがとても大切である。本校では、自立活動の授業を中心に、すべての授業において、社会性育成の観点をもって指導している。体育の授業や自立活動の授業（トレーニング等）において、用具の準備・片づけを共同で行ったり、毎日の個別学習（国語・算数・自立活動）で、注視・動作模倣・音声模倣・模写に取り組んだり、毎日30分間友達とペースを合わせて歩いたりする等である。これらの日々の授業の積み重ねの中でつけた力を般化する場面の1つとして、生活単元学習があると考えている（**写真4**）。

写真4

(3) 成果と課題
～事後研究会における各学部の教職員間の意見交換をとおした、小・中・高の系統性について

の考察～

単元の終わりに、「掃除検定」として、自在ほうきと長雑巾の使い方を友達の前で発表し、一人一人が表彰される場面を設定した。表彰されることは児童にとって貴重な経験であり、一人一人の嬉しそうな表情が印象的であった（写真5）。家庭に持ち帰った後、自分で机上に飾ったり、保護者から褒めてもらったりし、達成感を深めることができたのではないかと考える。

また、毎日行っていた掃除（日常生活の指導）においても般化を図り、これまでは机運びと雑巾がけだけだったところを、自在ほうきやウィンドウスクイジーの使用へとステップアップし、活動の幅を広げることができた。

写真5

事後研究会には、小学部だけでなく中学部や高等部の教員も参加し、系統性や一貫性の観点から討議を深めた。その中では、高等部と同じ内容の技能の習得ではなく、家庭でのお手伝いに活かせる活動（掃除機やカーペットクリーナー等）や基礎的な活動にしぼってはどうか（ウィンドウスクイジーは難しいので小学部では取り扱わず、最も基本的な掃除用具―自在ほうき・雑巾・モップ―の習得をねらう）、安全面や身だしなみは小学部段階から教えていくことが必要である等の意見が出された。

小・中・高と、系統性・一貫性のある指導をするために、小学部では掃除の最も基本的な内容について、できるだけ後から修正しなくてもよいよう、はじめから正しい使い方を教えていくことが必要である。

3　小学部自閉症学級（高学年の生活単元学習2年目）「チャレンジ！出張掃除」

(1) 題材設定の理由

1年目の生活単元学習「掃除名人になろう」をさらに発展させ、2年目は同じ学級で「チャレンジ！出張掃除」の単元に取り組んだ。1年目は、自在ほうきや掃除機を使い、プレイルームや多目的ホール、生活学習室等、校内のさまざまな教室の掃除へ般化を図ったが、2年目は、フラットモップやスポンジたわし、タオル等を使い、階段や廊下、シンクのある調理室や美術室等、使用する用具の種類や場所をさらに広げた。また、日によって違う場所を分担して掃除することで、日替わりの分担表を見て活動すること、場所や汚れに応じた掃除用具や掃除の方法を選択する力を獲得させたいと考えた。さらに、単元の終わりには、校内だけでなく、地域の公民館の清掃活動を設定し、学んだことを地域社会の中で発揮することをねらった。

(2) 授業の実際（目標、単元計画、手立て）

単元の目標と単元計画は以下のとおりである。
①友達と協力して物を運んだり、友達とペースを合わせて自在ほうきやモップを使ったりすることができる【人と関わる】。
②手順表を見て、場所や汚れに応じた掃除用具を選択し、自立して掃除を進めることができる【学ぶ・はたらく】。

③地域の公民館で掃除することを知り、用具の扱い方や正しい手順を守って掃除をすることができる【地域で暮らす】。

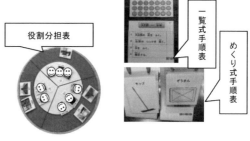

写真6

＜単元計画＞

	指導内容	時間	学習内容及び指導のねらい
第1次	・掃除の意味理解 ・単元全体の見通し	第1時	・掃除の意味や掃除用具の名称を知る。
		第2時	・単元全体の見通しを知る。
	・掃除用具の理解 ・掃除用具の使い方練習 ・準備物の制作(手順表作り)	第3時	・自在ほうき、ちりとり、フラットモップ、スポンジたわしの使い方を学習する。
		第4時	・本棚の整理整頓の仕方を学習する。 ・タオルのたたみ方としぼり方、机の拭き方を学習する。
		第5時	・掃除用具の安全な運び方と正しい片付け方を知る。 ・廊下や階段の掃除をする。
		第6時	・パソコンで手順表を作る。
第2次	・分担表に沿った校内掃除	第1時	・役割分担して校内を掃除する。(簡易調理室、調理室、廊下、階段)
		第2時	・掃除用具を安全に運ぶ。 ・役割分担して校内を掃除する。(図書室、美術室、廊下、階段)
		第3時	・掃除用具準備表を見て、自分で掃除用具を準備する。 ・役割分担して校内を掃除する。
		第4時(本時)	・掃除用具準備表とスケジュールを活用し、準備から片付けまで自立して掃除する。 ・振り返りシートに記入し、本時の活動を自己評価する。
第3次	・地域の施設の掃除(佐賀公民館)	第1時	・手順表に沿って台所・居間・廊下を掃除する。
		第2時	・地域の方にあいさつをしたりお礼の言葉を伝えたりする。
	・地域の施設の掃除(私市公民館)	第3時	・手順表に沿って台所・居間・廊下を掃除する。 ・場所に応じた掃除用具を選択する。
		第4時	・場所に応じた掃除用具を自ら選択する。 ・単元を振り返り、ワークシートに評価を書いたり指導者から評価を受けたりする。

1年目は、手順表に「ほうき」「雑巾」等、掃除用具の名称を書いていたが、2年目は「階段をはく」「机をふく」「シンクを磨く」等の動詞表現にした。それにより、手順表を見て、場所や汚れに応じた掃除用具を自分で考えて選ぶことをねらった。一覧になった手順表では1つずつの項目に注目することが難しい児童には、めくり式の大きなサイズの手順表を使用した

（写真6）。

また、本校独自の資料集「そうじの基本」に沿ったタオルのたたみ方や雑巾のしぼり方をすることで、今後中学部や高等部で修正する必要がないよう配慮した（写真7）。

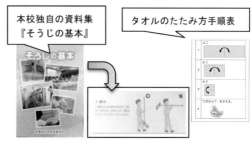

写真7

授業の終わりには、ワークシートの記入をとおして、掃除した場所や一緒に掃除をした友達、使った用具の名前を振り返った（写真8）。

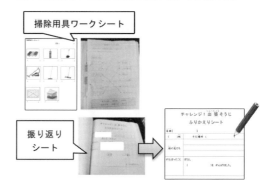

写真8

(3) 成果と課題

1年目、2年目と、掃除の活動を中心とした

生活単元学習を継続したことで、友達との共同の活動（物を運ぶ時に自ら友達に言葉をかけたり、友達とタイミングを合わせて運んだりすること）ができるようになってきた。また、「床を掃く」と手順表にあれば自在ほうきを使い、「シンクを磨く」とあればスポンジたわしを使う等、基本的な掃除用具であれば、これまでの経験を生かして、場所に応じた掃除用具を自ら選択することができた。1年目は、自在ほうきを使うのにかなり支援が必要であったが、2年目の生活単元学習では、毎日の掃除（日常生活の指導）で積み重ねた力を生かして、ほぼ支援なしで掃き進めることができた。

校内の様々な場所を掃除した成果を生かして、単元の終わりに、地域の公民館の掃除を行った。地域の自治会長や公民館主事に連絡を取り、校内で学んだことを地域社会の中で発揮したい旨を伝え、理解をいただいた。当日は、初めての場所、広い空間ということで、いつもと違う緊張した様子も見られたが、活動が始まると、グループに分かれて、畳の目に沿って掃除機をかけたり、友達と一緒にペースを合わせてモップがけをしたり、台所のシンク磨きや机拭きをしたりすることができた。地域の方から「みんなが掃除してくれたおかげで、地域の人が気持ちよく公民館を使うことができます。ありがとう」と感謝の言葉をいただいたことは、子供たちの達成感や次の意欲につなげる上で、大きな成果があったと考える（写真9）。

4　おわりに

―自閉症学級の教育課程における生活単元学習の位置づけ―

本校小学部の自閉症学級の教育課程は以下のとおりである（中学部・高等部からは、自閉症と知的障害の混合学級となる）。

写真9

	低学年	高学年
国語	70	105
算数	70	105
体育	70	70
音楽	35	35
図画工作	35	35
自立活動	280	350
特別活動	35	35
日常生活の指導	315	175
遊びの指導	35	35
生活単元学習	35	35

国語・算数での文字・数指導を中心に、各教科や自立活動の授業で基礎的な力をつけ、各教科等を合わせた指導において、その力を発揮できるよう関連づけている。

生活単元学習は年間35時間であるが、「毎週

第1章 キャリア発達を促す実践の追求

生活単元学習の年間単元配列

月	4	5	6	7	9	10	11	12	1	2	3
内容		給食当番をしよう	チャレンジ！出張掃除			校外学習へ行こう			販売	メモ帳売れるかな！（制作・販売）	

1時間」という固定した設定ではなく、指導目標や指導内容に応じて、ふさわしい時期にまとまった期間設定している。本単元「チャレンジ！出張掃除」は、6〜7月に週2〜3時間ずつ設定し、その期間は児童が「公民館へ掃除に行くんだ」という目的意識をもって学習・生活できるようにした。

そもそも生活単元学習は、子供が生活上の目標を達成したり、課題を解決したりするために、一連の活動を組織的に経験することによって、自律的な生活に必要な事柄を実際的、総合的に学習するものである。本単元に照らし合わせて検証すると、掃除することへの意欲の高い児童が学級の中心となり、公民館へ「出張掃除」に行くことを楽しみに、約2か月にわたるまとまった単元の中で生活を組み立てることができた。また、本単元は、学校生活（毎日の掃除）や地域での生活に般化することができる、生活上の課題解決を目指す題材であり、文字や数字を読む（スケジュールや手順表）、一定の姿勢を保持して身体を動かす、手順表に沿って自立的に進める、友達と協力する等、各教科や領域の内容を多様に含む活動である。その意味で、本単元は「各教科等を合わせた指導（生活単元学習）」としての妥当性があったのではないかと考える。ただし、自閉症を有する児童の、意欲や目標意識をさらに高めるための、効果的な導入や自己評価・他者評価の仕方には課題が残った。

また、年間単元配列表では、年間をとおして、生活単元学習で「当番活動」「掃除」「校外学習」「制作・販売」に取り組む計画であるが、児童に必要な多種多様な経験という観点から、今後どのような目標と活動を設定していくか、さらに検討が必要である。

自閉症を有する子供たちが、多様な経験をとおして今そして将来、人と関わり、生活を豊かにしていけるよう、今後も教育内容の充実・改善に努めたい。

第Ⅱ部　実践◆第1章　キャリア発達を促す実践の追求

3 キャリア発達を促す授業づくり
～より質の高い主体的行動の獲得を目指して～

富山大学人間発達科学部附属特別支援学校　柳川　公三子

　本校では長きにわたり、「支援ツール」を核とした「支援環境整備」に基づく「分かって動ける授業づくり」に取り組んできた。児童生徒が、「何をどのようにすればよいか」といった活動の流れや自分の役割などに見通しをもち、主体的に活動する姿を目指している。教師の直接的な介助や言葉掛けがなくてもできる姿を「主体的な姿」の1つとして捉え、分かりやすく活動を組み立てたり、1人でできるように支援ツールを活用したりして授業づくり、授業改善を行っている。
　本稿では、さらに「キャリア発達を促す」視点で授業改善を行い、「自分で考えて分かる」ことをねらった支援ツールの改善や「自分で判断してできる」ことをねらった課題設定、活動内容の工夫により、より質の高い主体的な行動の獲得を目指した事例を紹介する。
◆キーワード◆　より質の高い主体的行動、支援環境整備、協力、役割

1　授業名

日常生活の指導（チャレンジタイム）

2　単元名

「友達と協力して教室をきれいにしよう！」

3　対象生徒の実態

　対象生徒は、中学部1年生の男子4名である。4人とも教室掃除をしたことはあるが、隅々まで丁寧にする、自分から汚れに気づいてきれいにする姿は見られない。また、全員、自閉症スペクトラム障害があり、一度決めたことを実行することは得意である。しかし、自分で状況を的確に認識、判断し、友達の状況に合わせながら、互いに協力して活動に取り組むことなどに課題があった。
A：広汎性発達障害（WISC-Ⅲ　FIQ4

1）　急な予定変更や初めての場面など見通しがもてない状況で不安定になるが、予告することで対応でき、手順表などの手掛かりツールを活用して課題を遂行できる。
B：自閉症（WISC-Ⅲ　FIQ88）　手順表などの手掛かりツールの活用に不慣れで、思い込みや勝手な判断で行動し、抜けたり忘れたりすることがある。経験したことなら状況を見て自分で考え行動できる。
C：自閉症（WISC-Ⅲ　FIQ76）　パターンで行動することや自分勝手に判断すること、集中力が続かないことがあるが、口頭の指示理解ややり取りができる。肥満で体が硬く、動作が緩慢である。
D：自閉症（WISC-Ⅲ　FIQ47）　行動がゆっくりでマイペース、不器用だが、手順表などの手掛かりツールを活用して確実に行動することができる。自信がなく、進んで発言す

ることは少ないが、指示をよく聞いて、集中して活動に取り組むことができる。

4 ねらい

- 教室掃除のやり方が分かり、時間内にきれいに掃除をすることができる。
- 状況を見て、何をしたらよいか考えながら、友達と協力して掃除をすることができる。

本単元のねらいは、手順表どおりに教室掃除ができるようになることではなく、教室掃除を通して、掃除をする時は物品を移動し、ほうきでごみを取り、雑巾やモップ等で拭いてきれいにし、また物品を元に戻すという大まかなやり方が分かり、自分で考えて掃除ができるようになることである。

また、「自分たちが使用する教室を友達と協力して、きれいにする」という意識が持てるようになることである。単に時間以内に教室がきれいになることを目指すのではなく、周囲の状況を見て、自分は何をしたらよいかを自分で考えたり、重い物品を一人で運ぶことができなくて困っている友達がいたら「持ちましょうか？」と自分から声を掛けて一緒に運んだりして、互いに協力し合って教室をきれいにする姿を目指したいと考えた。

5 授業づくり

工夫1：『一覧式手順表』の提示

最初は、流れが分かりやすいように、横一列の『一覧式手順表』を提示して行った（図1）。手順表は教室内の配置図上に移動する物品を記載し、矢印で掃き方や雑巾がけの仕方を朱書き

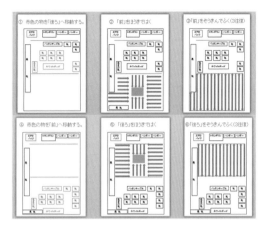

図1 『一覧式手順表』

で示した。また、「〜を〜する」という簡単な文で補足した。

しかし、手順表を提示したにもかかわらず、物品の移動し忘れ、掃き残し、拭き残し、物品の配置ミスが見られた。また、集中がとぎれ、手が止まる生徒がおり、時間内に掃除が完了しないこともあった。

工夫2：『チェック表』を用いた自己評価と教師による他者評価

生徒は教室掃除終了後に掃除の手順やポイントが書いてある『チェック表』を用いて自己評価し、教師から他者評価を受けるようにした。自己評価や他者評価を踏まえて、『チェック表』の下段のメモ欄に「次回気をつけるポイント」を書くことで、次回の取組へつながるように工夫した。

しかし、正しい自己評価ができず、全て〇をつける生徒や、気をつけるポイントが意識できず、同じミスを繰り返す生徒がいた。

6 授業改善のねらい

本校では、授業改善に向けて学部内または全校の教員が互いに授業を見合い、良い点、改善

点、改善策などについて意見交換を行っている（互見授業）。その際、「掃除の役割を個々に分担した方が、ミスなく時間以内に確実に掃除を終えることができるのではないか」という意見があった。しかし、個々に役割分担し、それぞれが教室掃除の一部分だけを担うやり方は、担当場所の変更時や家庭や地域で使用した場所の掃除の時に、何をどのようにしたらよいか分からない状況に陥ることが予測される。

単に時間内に教室をきれいにすることを目指すのではなく、教室掃除を通して、「汚れていたらきれいにする」「大まかな掃除の仕方が分かり、他の場所でも応用して掃除ができる」「友達の様子や周囲の状況を見て、自分が何をしたらよいか考えながら、友達と一緒に協力して任された場所の掃除ができる」などの姿を目指したいと考えた。

大切なことは、学校の中の決められた場所の掃除ができることではなく、家庭において自分や家族が使用する身近な場所をきれいにしたり、地域生活において、地域の活動や余暇活動等で利用した場所をきれいにしたりすることができることである。

これは、与えられた仕事を指示どおりにこなすだけでなく、自分から必要に応じてすべきことややり方を考えて行動するといった、「より質の高い主体的な行動ができる」ことであり、将来の「生きる力」につながるものと考える。

7　改善策と生徒の変容

改善策1：『教室掃除完成図』の活用

物品の移動し忘れや配置場所、向きなどの間違いをなくすために、写真と文字で移動する物

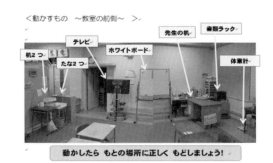

図2　『教室掃除完成図』

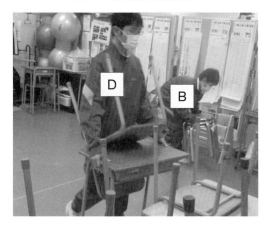

生徒Dが生徒机、椅子を運んでいることを確認し、『教室掃除完成図』を見て、自分で考えて丸椅子を運ぶ生徒B

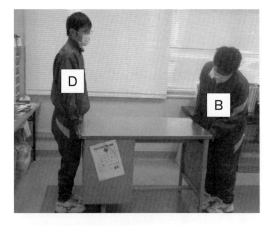

生徒Dが教師用机を運ぼうとしているのを見て、「持ちましょうか」と自分から声を掛けて一緒に運ぶ生徒B

品を分かりやすく示した『教室掃除完成図』（**図2**）を導入した。生徒達は、『教室掃除完成

図』を手掛かりにしながら、友達の様子や教室掃除の状況もよく見て、自分は何をしたらよいかを自分で考え、判断する姿が見られるようになった。例えば、自分からまだ移動してない物品を見つけて運んだり、1人で持つことができず困っている友達を見つけて「手伝いましょうか」と声を掛けたり、配置場所や向きの間違いに気づいて、「こっちですよ」と声を掛けたりなどの姿が見られるようになった。自分で考えたり、判断したりすることが難しい生徒においても、『教室掃除完成図』を友達と共有し、全員で教室掃除の完成を目指して協力して取り組むことにより、友達の様子を見たり、友達から声を掛けてもらって気づいたりして正しく掃除ができるようになった。

その結果、積極的に友達と関わり、協力し合いながら、主体的に教室掃除に取り組む姿が見られるようになった。

改善策2:「今日のポイント」欄を追加

図3 『チェック表』

同じミスを繰り返す生徒や自己評価が適切にできない生徒がいたことから、前回の振り返りで気づいた、気をつけるポイントが意識できていないと捉え、『チェック表』(図3)の冒頭に「今日のポイント」欄を追加した。

その結果、生徒が掃除を開始する直前に前回を振り返り、『今日のポイント』を確認することができるようになり、次第にポイントを意識して掃除に取り組むことができるようになった。ポイント欄の追加により適切に自己評価することが可能になった。

改善策3:手順表の形式をめくり式に変更

『一覧式手順表』では、次の活動や次の活動に移るタイミングが分からないため、掃除の途中で活動が止まってしまう生徒がいた。そこで、手順表の形式をめくり式に変更した。

その結果、活動後に全ての物品移動が終わったか、ほうきでごみを集め終わったかなど生徒が互いに様子を確認し合い、タイミングを見計らって手順表をめくり、次の手順に取り掛かるようになった。さらに、途中で集中がとぎれて活動が止まることがなくなり、決められた時間内に掃除を終えることができるようになった。

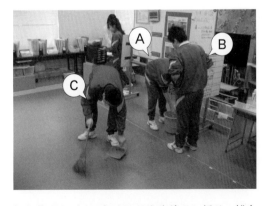

掃き集めたごみの掃き取りを生徒Cに任せ、雑巾を濡らして拭き掃除の準備を始めるAとB

8　まとめ

　授業づくりにおいて、単元開始時や授業の冒頭等に、「なぜ」「何のために」この学習課題、学習活動を行うのかという「意味づけ」を行い、児童生徒が目的意識を持って、意欲的に学習に取り組む姿を目指すことが重要である。

　「なぜ」「何のために」行うのかを教師が意識して授業づくりをすることは大切であり、これはまさしくキャリア教育で大切にしている「意味づけ」の視点でもある。

　本実践でも、授業改善を行う際に、その単元やその授業のねらいを確認することを大切にした。決められた時間内に、きれいに掃除をするという課題にばかり目を向けると、早く、間違えずにという視点になり、個人で役割分担するという方法を選択してしまうかもしれない。

　しかし、実践でねらいたかったことは何か、「なぜ」「何のために」この授業を設定したのかといった、生徒にとっての身につけたい「実践、応用できる力」を確認し、ねらいを再検討することで、手法を適切に改善することができた。例えば、自分で考える場面や分からないときに友達を参考にする場面、友達に声を掛けて協力を要請する場面、互いに声を掛け合い、教え合う場面を意図的に設定したことなどが挙げられる。

　また、本実践でねらいとした「教室掃除のやり方が分かり、状況に応じて、何をしたらよいか考えながら、友達と協力して掃除ができる」ことは、「状況を判断しながら、自分で考えて行動することが可能となる」ことにつながり、結果として、教室掃除だけでなく、学校内の他の場所や家庭、地域などの様々な場所の掃除でも「般化」することにつなげることができると考える。

　さらに、本実践で大切してきた「自分で考え、判断して活動に取り組む」ことは、将来の社会生活において、初めての場面や困難な場面でも、諦めないで粘り強く考え、乗り越えようとする姿につなげることができる。「『チェック表』を活用して自分で目標を立て、自己評価することの繰り返し」は自分の得手、不得手などの自己理解を深めることにつなげることができる。これらは「生きる力」を育むものである。

　今後、『チェック表』を活用した振り返りにおいて、手順や隅々までなどのスキル面だけでなく、自分で考えたり、自分から行動したり、最後まで集中し責任をもって取り組んだり、友達と協力して行うなどの意欲面についても広がるよう、授業のねらいやポイントを生徒自身が理解し、自己評価できるようにチェック項目を追加する。そこから、さらなる意欲の向上を目指すことや、自己理解を促すことにつながるのではないかと考える。

【参考引用文献】
・富山大学人間発達科学部付属特別支援学校　研究紀要　第35集
・将来の自立と社会参加のために、有効な個別の教育支援計画の活用方法　〜キャリア教育の視点の重視〜　元愛媛大学教授　上岡一世

第Ⅱ部　実践◆第1章　キャリア発達を促す実践の追求

❹ キャリアデザイン相談会の実践

横浜わかば学園　川口　信雄・岡本　洋

　横浜わかば学園は、開設3年目の肢体不自由教育部門と知的障害教育部門併置の特別支援学校で、知的障害教育部門は今年度初めて卒業生を送り出すまだ新しい学校である。知的障害教育部門、高等部は高等特別支援学校の位置づけで、卒業生は基本的に療育手帳を利用した一般企業への就労を目指す。したがって当校のカリキュラムの中心は自立への移行支援プログラムである。社会の中で教師がいなくても自立して生きていくためには自己選択・自己決定する力や困った時に自分から進んで相談する姿勢が必要である。これまでの福祉施設職員経験（岡本）から高等特別支援学校の卒業生が就職はしたものの、何らかの挫折体験から重篤な精神的なダメージを受けて福祉施設にくる現実を見てきた。そして就労や生活が破綻してしまうのは相談することができなかった結果ではないかと捉えている。それゆえ、学校で「相談できる力」をしっかり身につけていくことが必要であると思い、キャリアデザイン相談会を行うこととした。
◆キーワード◆　キャリアデザイン、相談力、レジリエンス

1　横浜わかば学園のキャリア教育

　当校の知的障害教育部門高等部は生徒全員の企業就労を目指し、授業や実習、地域の方々とのふれあいを通して自立と社会参加に必要な生きる力を養おうとしている。そのために自己選択・自己決定を大切にするキャリア教育を推進している。オフィスサポート・ビルメンテナンス・パン工房の校内実習は全て若葉台地域に展開し、日常的に地域の方々とふれあう中でコミュニケーション能力を養っている。

　また、1年生から若葉台地域をはじめ神奈川や東京の企業等の支援によって、職場の雰囲気や働くことの意義、目的を経験する現場実習を行っている。17歳での進路選択は経験の少なさや精神的な未熟さから困難を伴う。そこで当校では2年生までに一人あたり6社の現場実習を体験させたうえで最終的な進路希望を取っている。他校に比べると進路決定の時期が遅くなるが、長い目で見れば本人が納得して進路決定することに意味があると考えるからである。ただし、現場実習は数をこなせばいいというものではない。1つ1つの実習のねらいを明確にし、生徒がそれを意識して現場実習に臨むことが大切である。

　当校では学校での学びを現場実習で応用し実習の成果や課題を校内実習や教科の学びにつなげることにより、生徒のキャリア発達を促したいと考えている（**図1**）。現場実習と学校の学びを結ぶツールが「キャリアデザイン」というシートである。

❹ キャリアデザイン相談会の実践

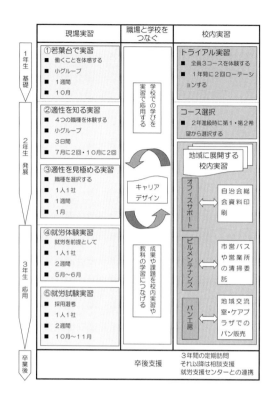

図1　進路指導の基本的な考え方

2　キャリアデザインと相談会

(1) キャリアデザイン（現場実習と学校の学習を結ぶツール）

　当校におけるキャリアデザインとは、将来にわたって自分自身の人生を自分で意思決定する力をつけるために、その基礎となる思考力を身につけることを目的としている。また、高等部3年間のキャリア形成の過程を書き表すためのツールとしても位置づけている。

　学校で学ぶことと現場実習で学ぶことの2つを生徒の手で関連づけさせることにより、生徒自身が「学びの意味」を意識できると考えるからである。

　このキャリア形成の過程や2つの学びを結びつけるために以下の部分に注目している。

①生徒が現場実習でのふり返りや気づきを意識化し、言語化することを助けることができる（思いを言語化することにより事実の羅列に終わらせない）。

②教員は生徒が意識化、言語化したことに基づいて計画的に指導・支援することができる。

③3年間を通して生徒と教員が、目標を共有化し、随時、その生徒のニーズにあった適切な指導・支援ができる。

④大まかな3年間の流れを意識することで、生徒も教員も見通しを持つことができる。

　このようなことを意識してキャリアデザインを作っていくことで、より良い将来像を見据えていくことを目的とした。

　当校では、これまでに2回キャリアデザイン相談会を実施している。1回目は、個別に相談する点を重視した。各教科・職業の先生に、自分の課題を個別に相談するという個別相談の形で行った。2回目は、グループを作り、グループ内で、1人ずつ相談していく形で行った。自らが相談する側とされる側になる形で、それぞれの立場を感じてもらったりピアカウンセリング的な意味合いを持たせたりしたこともう1つの目的とした。

(2) キャリアデザインの記入と使用方法

　キャリアデザイン（図2）の具体的な使用方法について少し触れていく。基本的に現場実習後に使用し、「実習の評価と課題」「実習から校内の学習で目指すもの」を記入し、生徒は相談会で教員や仲間に相談しながら考えを深めていく。また、教員は授業の中でキャリアデザインをもとに個に応じた手立てを工夫し授業に生かす。そのため、廊下に常時掲示し、全校生徒教

キャリアデザイン　2年　　2年 3 組　氏名　　　　横浜わかば学園

目標	実習の内容		実習先	企業で学ぶ 実習を通してわかったこと	学校で学ぶ 実習から校内実習へ	学校で学ぶ 実習から共通教科へ
得意なことと不得意なことがわかる・できることとできないことがわかる・課題が何かわかる	適性を知る実習	●様々な職種の体験 ①清掃系 ②事務系 ③物流系 ④食品福祉系	7月 ① A株式会社	・あいさつ、マナー、笑顔が大切。 ・作業をていねいにやること	・あいさつをする。 ・販売の時は笑顔でやる。 ・段取りを覚えて手際よくおこなうようにする。	・授業の時間に間にあうように準備をする。 ・国語では、マナーを学ぶ。（手紙の書き方と言葉づかい）
			7月 ④ B老人ホーム	・時間に間にあうように準備をする。		
			10月 ② C商事	・質問は積極的にする。 ・進んで職場の方に話しかけるようにする。	・パン工房でトッピングのやり方が分かっている時は積極的にする。 ・忘れた場合は質問を積極的にする。 ・パンのやり方で間違えがないように確認をする。	・分からないことは質問をする。 ・メモの書き方を覚える。 ・返事をする。
			10月 ③ Dロジスティックサービス	・間違えないためには確認が必要		
				先生からの助言アドバイス	「このままでいいのかな」と心にしまいそうになった時こそ、確認をする。	いつ、どこで、だれが、何をする （時）（場所）（人）（内容） を書くようにする。
自分の向いていることがわかる	適性を見極める実習	●働きたいと思う仕事を体験	1月 ② Eコーポレーション	・間違えを出さないようにすぐ報告をする。 ・時間の意識をする。	・トッピングやふくろづめで間違えしないように報告をしっかりする。 ・作業しながら時計を見る。	・あいさつをつづけていくようにする ・相手に少し余裕がある時に質問をする。
				先生からの助言アドバイス	・校内実習でも時間意識しているが時間内に終わらない。	・これからも報告や質問も続ける。 ・他の人と話していない時にする。
	できるようになったこと 時間に間にあうように準備をする。				今後の課題 トッピングとふくろづめで間違えしないように確認する。	
到達目標　働くことについての自己理解ができるとともに、いろいろな人との関わり方がわかる						

図２　キャリアデザイン

職員が共有している。校内で学ぶ際にここで決まった目標や支援方法についてお互いに確認しあいながら、校内の学習に反映させてくことが重要である。

校内の学習に現場実習の課題を反映させ、その課題に向き合った結果をもとに次の現場実習の中でチャレンジし、その結果新たな課題を持ち帰るという相互作用とスパイラル構造を作っていくことを意識している。卒業時の移行支援計画につなげるとともに生徒自身が３年間のライフプランを立てられるようにしていくことで、最終的には将来のライフプランにつながることをねらっている。なお、キャリアデザインの取組については京都市立白河総合支援学校の実践を参考にさせていただいた。

３　キャリアデザイン相談会を実施した理由

当校の中でキャリアデザインを進めるにあたり、いくつかの課題があった。開設２年目で教員数が少ないことやカリキュラム上なかなか一定時間が取れないといった課題が挙がっていた。適切な相談をしていくためには、対象生徒だけに対し時間を確保して相談した方が、より効率よくできる可能性が高いと判断し、相談会という形態を取ることにした。また、集中的に実施することで、適切なアドバイスをすることができるのかという教員側にあった不安も、すぐにその場で共有化ができることで解消できると考えた。生徒にとっても窓口がはっきりすることで相談に集中できたり、相談するメリットが明

確に分かったりするのではないかと考えた。

1回目の相談会では、個別に相談することに重きをおいたと述べた。当初の段階ではまだ相談内容が明確化していない部分があること、どう相談していいのか分からないということがあり、まずは教員が丁寧に話を聴いていくことで生徒の持っている課題が明確化していきやすいと感じたからである。また、相談を待っているときに前の人が相談しているのを見て、どう相談すると伝わりやすいのかを学ぶ良い機会となるとも考えたからである。

1回目の相談会の様子やその後の現場実習の様子を踏まえて、本人たちが課題の明確化、意識化を図ることができてきていると感じていた。2回目の相談会では、さらに相談をすることも大切であるが、2回目はグループを作り相談者と被相談者になることで、自身の体験のフィードバックが図れるとともに実体験からのアドバイスが、双方にとってメリットが高いと考えたのである。このように、卒業後も相談できる力を身につけていくことを目的としてその時々に合わせてより相談しやすい形を模索した。「相談力」（造語！）は極めて重要である。何故なら、当校に在学している生徒たちと同じように軽度の知的障害のある仲間たちの中には相談がうまくできなかったが故に離職したり精神的に追い詰められたりして、能力はあるはずなのに生活介護施設に通所している方が少なからずいるからである。卒業後の実社会には「先生」はいない。常に先達が教えてくれたり導いたりしてくれることもない。自分で考え、自分で選び、自分で行動し、自分で責任を取るということを教育の場で経験しておかずに、「さあ、社会人になったからやりましょう！」と言われてもできないのが実情である。このように相談力を身につけていくことも学校としての大きな役割と思っている。そこで、疑似体験としての自己選択・自己決定・自己責任を実体験することが必要と考えている。この相談会を通して「自分で」を身につけてほしいと思う。相談の結果、自分で選んだ目標がうまく達成できず、失敗経験となったとしてもその責任は自分で負う。しかし、学校時代にその失敗経験を糧にもう一度やり直すことをきちんと経験していくことが卒業後の生活において重要ではないだろうか。キャリアデザイン相談会の取組がそれを可能にするのではないかと考えた。

4　キャリア相談会実践報告

改めて、2回のキャリアデザイン相談会をまとめてみる。

(1)　第1回（1・2年生合同　個別相談）

第1回キャリアデザイン相談会（図3）は1、2年合同という形で実施した。事前に各クラスで現場実習に行った後に、ふり返りを行い「実習を通して分かった課題」を記入した状態で行った。この際に、先生には相談へのアドバイスを

図3　第1回キャリアデザイン相談会

付箋に記入にしてもらう形をとった。そのまま記入すると後で選び取りにくくなる可能性があったからである。実際に付箋への記入は相談会後の情報整理をする際に、自分にとって必要なものをしっかりと選択しやすい形になった。さらに、様々な先生や特にふだん話すことのない校長先生に話を聴いてもらい相談するということは生徒たちにとってとても意義のあるものになったようだ。相談会を実施した結果の生徒たちの感想でも「やってみてよかった」「またやりたい」という意見が多く見られた。生徒にとって最も大切だったことは相談会後にたくさんのアドバイスから、自分にとっての珠玉の付箋１枚を選び取ることであり、この部分では事後学習の大切さを感じた。先生側からはこの相談会が自分の教科や担当している授業の相談を受ける形だったので、教科外・担当外にわたる相談にはアドバイスしにくいという課題が挙がった。

(2) 第２回（２年生のみ　グループ相談）

第２回（図４）はグループでの相談にしたと述べた。前回を踏まえ、どうしても先生と生徒という形になっているところからそれぞれの立場から、対等に意見を言い合うことが必要と感じたこと。４つの現場実習を通して生徒も、実習という経験が深まったことで他者にアドバイスすることができるようになったのではないかと感じたこと。また、相談される側になることで、相談されることで得られる自信や相談することが怖くないということが分かってほしいという思いで実施した。実施前は、相談される生徒が何を話していいのか分からず、発言できないのではないかといった心配があったが、実施してみると、積極的に自分の経験からアドバイスをする光景がたくさん見られた。生徒はお互いにピアカウンセリング的な意見交換ができたり、先生からは先生ではなく人生の先輩としての意見を聴くことができたり、そのグループ内で相談者と被相談者になることで様々な立場から意見を聴くことができたのが良かったようだ。また、白板に意見交換の全ての内容を板書することにした（図５）。話し合うことに集中してもらうためと、より多くの情報が残りその中から自分で自分にとって大切な言葉を選び取れるようにしたいという思いからであった。実際に参加した先生の感想として「生徒自身の答えは自分の中にある。そして、語り合うことで自分自身がその答えにたどりつける。"教える"ことの呪縛からの脱却が必要かも…」といった意見があった。生徒からは「前回とは違って今回は実習をして分かったことや、うれしかった

図４　第２回キャリアデザイン相談会

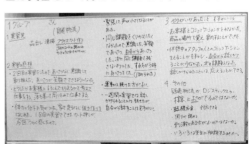

図５　板書で情報整理と共有化

ことなどをグループの先生や友達に感想やアドバイスをいってもらうと、改めて自分の課題や共感があり、いい相談会になりました」「質問のタイミングや、時間内に作業を終わらせるなどのことで悩んでいるのは自分だけではないことが分かり、ほっとしました」「友達、先生の話、自分の話を言ったり聞いたりしました。心のモヤモヤが少しすっきりしました。友達の話を聞いて、なるほどなと思ったり、ためになることを聞けたりして、良かったと思いました」「自分のことを相談できて良かったです。これからも仕事のことを相談できたらいいと思います」といった意見が聞けた。

5 考察

まだまだ始めたばかりなので、これからもより良い形を求めて相談会の形はどんどん変化していくことを望んでいる。(このような方法はどうかといったご意見があれば是非教えていただきたい。)ただ、この中で一番大切にしたいことは、「人から教えられるのではなく自分で選ぶことが大事ということである。」選んだ結果、失敗するかもしれないし思い通りにならないかもしれない。それでも人のせいにせず立ち上がれる力(レジリエンス)が社会の中では必要であり、自分のことは自分で行い、自分で切り開く力(エンパワメント)が自分の未来を創って行く原動力になる。この2つを支えていくものは、「相談力」、であり「相談力」とは意見に耳を傾けることができる力だと思う。この「相談力」がいろいろな場面で養われるためにも相談会を取り巻く事前・事後学習の場面において先生が"教える"呪縛から解き放たれる仕組みを作るようにしていくことも課題である。まだ様々な課題があるが、生徒1人1人の輝く未来の礎となるようにこの相談会に取り組んでいくつもりである。

【参考引用文献】

1) 森脇勤(2011)学校のカタチ 「デュアルシステムとキャリア教育」 ジアース教育新社
2) キャリア発達支援研究会(2014)キャリア発達支援研究1 キャリア発達支援の理論と実践の融合を目指して ジアース教育新社
3) 菊地一文(2013)実践キャリア教育の教科書:特別支援教育をキャリア発達の視点で捉え直す 学研教育出版

第Ⅱ部　実践◆第２章　地域との関わりの中でキャリア発達を支援する実践

⑤ 地域協働活動の実践

京都市立白河総合支援学校東山分校　中村　一郎

　本校は、卒業後企業就職を目指す知的障害のある高等部生徒を対象として、白河総合支援学校の分校として平成25年4月に開校した。白河総合支援学校で長年取り組んできた、企業実習を教育課程の中心に据えたデュアルシステムによる就労支援の取組を継承する一方で、「地域と共に」をコンセプトに、地域の事業にスタッフとして参加する地域資源を活用した演習を授業に取り入れた。自治連合会や社会福祉協議会、地域の保育園や高齢者福祉施設、図書館などの公共施設等、地域の様々な関係機関と連携し、協働活動を進めている。これらの取組を通して、学校と地域がお互いになくてはならない存在としてWin-Winの関係を築いていく中で、「あなたがここにいてくれて良かった、地域に学校があって良かった」と言われる学校を目指している。そして、生徒が地域の人たちから感謝され、あてにされることから自己有用感を育み、自己肯定感を高めながら企業就労を実現する。

◆キーワード　企業就労、自己肯定感、地域協働

1　白河総合支援学校東山分校の概要

　本校は知的障害のある高等部生徒が卒業後の企業就労を実現するために平成25年4月に開校した。1学年34名程度の生徒が入学し、開校して3年目に当たる今年度、初めて3学年がそろった。現在、合計111名の生徒が在籍している。多くの生徒が中学校の育成学級（特別支援学級）から進学してきているが、中学校普通学級からの進学者も2割ほどいる。平成28年4月には、独立し、「東山総合支援学校」として本校化することが決定している。

　東山分校では、人との関わりやコミュニケーションを大切にし、地域協働型の活動による専門教科「地域コミュニケーション（福祉）」を教育課程の中心に置いている。地域の様々な事業にスタッフとして参加したり、保育園や高齢者施設、図書館など、公共施設での清掃や補助などの活動に取り組んでいる。地域でのこうした取組を通して、生徒は就労や生活に必要な様々なことを学ぶと同時に、地域の人々からあてにされ、感謝される存在となり、地域と学校がお互いに必要とする関係となっている。地域の人たちから、「ありがとう」と声を掛けてもらうことで、生徒は自己有用感を感じることができ、卒業後の企業就職に向けて、働くことの基盤となる「自己肯定感」や「自尊感情」の育成につながると考えている。

2　これまでのデュアルシステムの取組

　東山分校の母体である白河総合支援学校（岡

❺ 地域協働活動の実践

崎本校）では、職業学科を設置した平成16年度より卒業生全員の企業就職を目指し、長期間の企業実習を含めたデュアルシステムによる企業実習（1人の生徒が3年間で平均30週間の実習に取り組む）に取り組んできた。東山分校でもこの流れを受け継ぎ、多くの時間を地域での演習や企業実習に取り組んでいる。

職業学科設置以来一貫して教育理念として大切にしてきたことは、「企業から学ぶ」ことと「学校で完結しないカリキュラムづくり」である。そのための方策として、デュアルシステムを導入した。目的は以下の通りである。

- 卒業後の移行先である企業を、生徒も教員も知ること
- 学校に求められていることが明確になり、全教職員が同じ目的意識で教育活動を行い、卒業後スムーズな職業生活のスタートが切れるようになること
- 卒業後の生活がイメージできるよう実際の働く生活に近い環境を用意すること

職業学科では、デュアルシステムにより、企業実習を教育課程上に大きく位置づけてきた。生徒の企業就職に向けた目的意識を高め、自己理解を深めていくために、1年生の段階から企業実習に系統的に取り組んできた。繰り返し実習に取り組んだり、1か月を超える長期の実習に取り組む中で、生徒のスキルは確実に伸長した。生徒は、自分の将来の働く生活をイメージすることができ、企業にとっても生徒の卒業後の姿をイメージする大切な機会となった。また、生徒のスキルアップが図られたことにより、他の職域開発にもチャレンジできるきっかけともなった。このように、デュアルシステムの取組により、就労意欲や働くことへの構えが変化し、職域開発につながる成果も数多く見られるようになった。

一方で、特別支援学校の高等部入学を希望する生徒の増加に伴い、白河総合支援学校でも募集定員を増やし、より多くの生徒が入学するようになってきた。生徒の課題も多様化し、デュアルシステムによる企業実習を重ねても伸び悩む生徒がいることが明らかになってきた。実習での仕事に対するストレスに耐えられず、やりたいと思っていた仕事が続けられない、あるいは、失敗したことを注意されるなど、ちょっとしたことで自信を失ってしまうなど、実習を重ねてもストレスばかりが蓄積し、自己理解も進まず、途中で挫折してしまうことがあった。

3 自己肯定感の育成と地域協働

岡崎本校でのデュアルシステムの取組を通して、生徒が自分のやりたい仕事と向き合い、ストレスを乗り越え、企業就職を実現していくためには、自己肯定感が必要であるということを改めて認識した。言うまでもなく、自己肯定感の育成は一朝一夕になるものではなく、個々の生徒の生育歴や積み重ねた生活環境、学習環境によって少しずつ形成されていく。そのベースには、まわりから大切にされてきたという環境や、自分がかけがえのない存在であると実感できる体験を積み重ねることが必要であると考える。しかし、本校に入学してくる生徒は必ずしもそのような状況を経て入学してきているわけではない。中には、非常に厳しい状況の中で高等部段階に至っている生徒も少なくない。

高等部の生徒にとって、認められ、必要とさ

れる実感の持てる取組が必要不可欠であり、東山分校で行っている地域協働の実践は、まさにこの自己肯定感を高めるための取組である。東山分校はそのために開校した学校であり、地域協働活動を教育課程の中心に据えたのである。地域の人たちにとって生徒たちが「必要な存在」となり、学校が地域から「必要とされる場」となることを目指している。

4 地域協働の取組

(1) 東山分校の専門教科

東山分校では、共通教科、専門教科、道徳、特別活動、自立活動、総合的な学習の時間によって教育課程を編成している。地域協働活動は専門教科「福祉」の時間に実施している。また、専門教科は次に示す4つの学習グループ（サービス）に分かれて取り組んでいる。

・食品サービス　　・コミュニティサービス
・東山サービス　　・養正サービス

(2) 食品サービス

食品サービスの学習グループでは、「食」をテーマに、地域の様々な人が集まり、笑顔になってもらえる「場」を作り出していくことを目指している。主な学習活動として、校内にある自治会館の1階にオープンしている喫茶店「カフェしゅうどう」での接客業務、「カフェしゅうどう」で提供しているクッキーやパウンドケーキなどの焼き菓子の製造、毎月第3水曜日に校内の交流スペース（ふれあいサロン）で開催される「すこやかサロン」でのスタッフとしての取組などが上げられる。

①カフェしゅうどうでの実践

東山分校が開校して、すぐにオープンした喫茶店である。東山保健センターの認可を取り、一般の飲食店として地域の人たちだけでなく、海外から訪れる観光客も来店している。地域の常連のお客さんも徐々に増加し、地域の人たち、特に高齢者の人たちの「居場所」としてのお店となってきている。メニューにある焼き菓子や店内に飾る小物などは全て生徒の手作りで、心のこもったおもてなしと笑顔をモットーとしている。

カフェしゅうどうで接客する様子

カフェしゅうどうは、毎週月曜日から金曜日の午前9時30分から午後3時30分まで営業しているが、夏季や冬季の長期休業中は閉店となる。地域の常連のお客さんから、「長期の休業中はお店に来られないので寂しい、休業後の開店が待ち遠しい」などの言葉を掛けてもらい、生徒たちの励みとなっている。

②すこやかサロンでの実践

地域の社会福祉協議会と協働し、毎月第3水曜日に地域の高齢者が校内の交流スペース（ふれあいサロン）に集う「すこやかサロン」という事業を実施している。午前中は区役所や警察、消防署の職員の人たちから京都市の取組や防犯、防災の研修等があり、午後からは音楽やゲームなどのレクリエーションがある。お昼の食事も

❺ 地域協働活動の実践

すこやかサロンで配膳する様子

準備し一緒に食べてもらっている。

　最初は、地域の人たちも生徒とどう接していいか分からず戸惑われる場面も見られたが、明るく挨拶し、また笑顔で接客する生徒たちの姿に接し、毎月のすこやかサロンを心待ちにする高齢者も増え、参加者が増加している。また、調理の場面では、社会福祉協議会の世話役の人たちに教えてもらいながらの食事作りではあったが、みるみる上達し、また、ひた向きに取り組む生徒たちに、世話役の方から「個々の生徒とは、3年間でお別れになるのが本当に寂しい。卒業式には是非参列させて欲しい」との声が聞かれ、温かく見守ってもらっている。このように、この取組において、生徒はなくてはならない存在となっている。

(3) コミュニティサービス

　コミュニティサービスの学習グループでは、「健康」をテーマに、元気になってもらえる「場」を作り出していくことを目指している。主な学習活動として、グランド周辺に開拓した交流農園での野菜の栽培、落ち葉コーポレーションと名づけた、落ち葉を粉砕して作ったきのこの菌床できのこ栽培をする活動、毎週月曜日に校内の交流スペース（ふれあいサロン）で高齢者の介護予防のために開催される「健康運動教室」でのスタッフとしての取組などが挙げられる。

①落ち葉コーポレーションでの実践

　東山の地域には寺院が多数あり、いくつかの寺院で落ち葉の清掃活動を実施させてもらっている。落ち葉は産業廃棄物として燃やしてしまうとゴミになってしまうが、粉砕してひらたけなどのきのこの菌床として再利用することで資源化することができる。寺院との協力により、毎年300個以上の菌床を作り、栽培したきのこを、落ち葉をもらった寺院にお返ししたり、地域との協働活動で必要な食材に利用したりしている。

落ち葉を集める生徒たち

　この取組で、落ち葉を介して地域との交流を活発に行うことができる。ゴミを集め資源化することで役割を担い、地域にとって必要とされる存在となっている。

②健康運動教室での実践

　東山区は市内でも飛び抜けて高齢化が進んでおり、高齢者福祉へのニーズが非常に高い地域である。地域の社会福祉協議会及び包括支援センターと協働し、毎週月曜日の午後に「健康運動教室」をふれあいサロンで実施している。会

場準備や受付、健康運動教室が始まると、インストラクターの補助といった活動にも取り組んでいる。高齢者と高校生という異年齢の交流は、年齢が大きく離れていることから、お互いを受け入れやすくしており、双方がすぐに馴染み、高齢者も毎週のこの取組を心待ちにする様子が見られる。また、生徒たちは「ありがとう」と言ってもらえることに大きな喜びを感じている。

陶芸体験教室での様子

遠くは鹿児島県や秋田県からの修学旅行生に体験してもらっている。

地域の陶芸家に陶芸体験教室を学校で開いてもらい、生徒がそれをサポートしている。陶芸体験のおもてなしを実施し、感謝の言葉を受け取ることで自己有用感を高めている。その一方で、陶芸家からも、「生徒の変容を見ていると心が洗われる。もし、この取組を知らずに過ごしていたとしたら、それはとても残念なことだと思う。生徒たちと一緒に過ごせていることを幸せに感じている」と述べられている。ここにも、地域と学校がつながり、お互いを必要な存在として感じている姿が見られる。

健康運動教室でのインストラクター

(4) 東山サービス

東山サービスの学習グループでは、「東山」という地域で、伝統工芸や図書を楽しめる「場」を作り出していくことを目指している。主な学習活動として、修学旅行生や一般の人達に陶芸を楽しんでもらう伝統工芸教室の取組、修学旅行生等に地域の名所を案内する観光案内の取組、地域の保育園や小学校に図書をデリバリーし、読み聞かせのサービスを行う取組などが挙げられる。

①陶芸教室での実践

東山分校のある東山区は清水焼の産地として古くから有名であり、窯元も多く存在する。そこで、地域の陶芸作家の協力を得て、京都を訪れる修学旅行生を対象に「陶芸体験教室」を実施している。近いところでは、静岡県や島根県、

②観光案内での実践

東山分校のすぐ北には有名な清水寺があり、南には三十三間堂がある。どちらも修学旅行でよく利用されるお寺であり、こういった本校の立地を活かして観光案内の取組を行っている。

観光案内では、自分たちがふだん過ごしている地域や、清掃活動でよく知っている場所を京都のことを知らない修学旅行生に案内することになる。人に説明するためには十分な準備が必要であり、体験してきたことを人に分かるように言語化していくことが必要となる。こういっ

❺ 地域協働活動の実践

観光案内での様子

た、準備に向けた取組そのものが生徒の大切な学習となっている。

　修学旅行に訪れた他校の生徒から「ありがとう」の言葉をもらい、また、地元にもどってから礼状をいただくこともある。「こんなところがよかった、こんなところに感心した」という感想から、生徒たちのさらなる振返りにつながり、次回の取り組みに向けた意欲を高める原動力ともなっている。

(5)　養正サービス

　養正サービスの学習グループでは、サテライト教室のある「養正」という地域を中心に、サテライト教室内にある喫茶室や5万冊の蔵書を持つ図書室、近隣の保育所、小学校、児童館、デイサービスセンターなどのリソースを活用しながら地域協働を進めている。平成21年度より白河総合支援学校の「地域コミュニケーション」の演習の場として活用され、それを東山分校が受け継いで現在に至っており、「地域コミュニケーション」発祥の地と言える。ここでの学習活動は東山分校での他の3つの学習グループで行っているサービスの集合体となっている。主な学習活動は、喫茶室での接客、図書館での図書の貸し出し、保育所や小学校への図書のデリバリーや読み聞かせ、保育所での保育補助、デイサービスセンターでの介護補助などが上げられる。

①小学校での図書の読み聞かせの実践

　養正サテライト教室には5万冊を超える蔵書がある図書館が併設されている。この図書を利用して生徒は小学校や保育所に出向き、図書のデリバリーや絵本の読み聞かせを行っている。児童や園児はこの読み聞かせの時間を心待ちにしている。毎回、今日はどんな絵本を読んでもらえるかわくわくしながら聞いている。うれしそうに聞き入る小さな子どもたちの姿は、生徒に大きな達成感をもたらしている。取組後の生徒の振返りでは、「次はどんな本を読んであげようか」「どんな風に読めばもっと楽しんでも

左京区にある養正サテライト教室

小学校での読み聞かせの様子

らえるだろうか」などの期待が高まり、「もっと練習して読み方を工夫したい」と、多くの生徒が意欲を見せている。

②保育所での保育補助の実践

サテライト教室のすぐ近くに保育所がある。この保育所で日常的に保育補助の演習を行っている。日頃、乱暴な言動が目立つような生徒も、園児たちと接する中ですぐに打ち解け、「先生〜」と慕ってくる子供たちに自然と表情もほころんでいる。

園庭で遊ぶ大勢の園児の安全に目を配ったり、けんかをして泣いている園児に「どうしたの？」とごく自然に同じ目線になるようにしゃがんで対応する生徒の姿が見られる。生徒のこのような行動は、園児の求めに応じることで自然な形で出てきている。こういった、人間関係を構築していく上で必要となる行動は、学校の教室の中だけでは身につけることはなかなか難しい。幼児と高校生という異年齢の関わりが自然にお互いを受け入れることのできる土壌となっていると考える。

指す。その一方で、従来のようなものづくりやサービス、事務といった産業現場を模した場所や活動は校内にあまりない。そのため、デュアルシステムにおいても、校内から産業現場にダイレクトにつなげることが難しいと考えている。今後、東山分校（東山総合支援学校）では、生徒の強みを最大限に活かせるよう、地域での演習を企業実習に着実につなげていく教育課程上の工夫や指導体制の充実が必要であると考える。これまで、職業学科で大切にしてきた「校内の学習や地域での演習で培った力を企業実習で試し、企業実習で明らかになった課題を校内に返す」という、一連の取り組みを確実に積み重ねていくことが、地域協働を旨とする本校ではこれまで以上に重要性を持つと考えている。

【参考文献】
1）国立特別支援教育総合研究所（2011）特別支援教育充実のためのキャリア教育ガイドブック．ジアース教育新社
2）菊地一文（2012）特別支援教育充実のためのキャリア教育ケースブック
3）キャリア発達支援研究会（2014）キャリア発達支援研究1．ジアース教育新社

園庭での保育補助の様子

5　おわりに

東山分校の生徒は、地域協働活動を通して人間関係の構築という強みを身につけることを目

第Ⅱ部　実践◆第2章　地域との関わりの中でキャリア発達を支援する実践

❻ 地域協働キャリア・チャレンジの実践

千葉県立特別支援学校流山高等学園　野尻　浩

　本校は、平成24年度より、生徒の実態の変化に対応し、学校の特色を生かした教育課程を編成するため、地域や企業等と連携・協働した学校設定教科「キャリア・チャレンジ」を、3年生に週7単位時間設定した。生徒が地域や企業へ入っていく授業と、地域や企業の人たちが学校へ入ってくる授業の両方を充実させ、自立を目指す「流山コラボレーションシステム」の構築に取り組んでいる。
　地域等との連携した教育活動を推進することで、生徒の自己肯定感の醸成、コミュニケーション能力や仲間と協働する力の向上、〈自分の進歩〉の実感などが生徒自身の声から挙がってきた。また、地域からも賞賛や期待が寄せられる学校となり、地域の活性化に資することができるようになってきている。今後、地域や企業等と連携した教育活動を創造することが、本校のキャリア教育の大切な視点となるであろう。
　◆キーワード◆　地域貢献、学校設定教科

1　本校の概要

　本校は、平成9年度に開校し、知的障害のある生徒を対象とし、職業に関する専門学科を設置する高等部のみの定員制の特別支援学校である。平成22年度より第2キャンパスを開設し、既存の「農業」「工業」「家政」に関する学科に加え、「福祉」「流通・サービス」に関する学科を設置し、4学科8コース体制となった。また、定員も1学年50名定員から96名定員となり、全学年12クラス体制である。
　本校の最大の特色は、生徒たちが3年間同じ学科・コースで学び、学年縦割りの先輩・後輩がともに学ぶ専門教科を、教育課程の中心に位置づけていることである。
　また、約1kmほど離れた「本校舎」と「第2キャンパス」の2つの校舎で教育活動を行っており、1・2年生が第2キャンパス、3年生が本校舎を主生活の場とし、専門教科や各教科等に取り組んでいる。

2　キャリア・チャレンジとは

(1) 導入の経緯
①生徒の実態の変化
　平成22年度の第2キャンパス開設で、1学年定員が約2倍増員となった。それに伴い、障害の程度の多様化や教育的ニーズが進み、2年生で行う初めての現場実習では、学年の約35％の生徒が、「企業実習」ではなく、「施設実習」という状況であった。全員が企業就労を目指す本

学科	コース
園芸技術科	農業コース
	園芸コース
工業技術科	木工コース
	造形コース
生活技術科	縫製コース
	手芸コース
福祉・流通サービス科	福祉サービスコース
	流通サービスコース

校の生徒の実態としては、大きな変化が見られた。

そこで、社会との関わりをより一層深めながら、社会自立・職業自立に向けた体験的・実践的な教育活動を推進していくことが大切であり、人から感謝されたり必要とされることで、働くことの喜びや自己肯定感を育成できるのではないかと考えた。

また、就労先で必要とされるコミュニケーション能力や仲間と協働する力、清掃に関する知識や技能などを身につけることも、就労先への円滑な移行を図る上で大切な視点であると考えた。

② 学校の特色を生かす

本校は、本校舎・第2キャンパスの2つの校舎を持つ学校である。そのため、その特色を生かした教育課程を編成することが、学校運営上、重要である。

そこで、第2キャンパスで生活をする1・2年生を「基礎基本」、本校舎で生活する3年生を「発展」ととらえて、教育課程を編成することを目指した。

そして、発展的な教育活動の1つとして、地域や企業等と連携・協働した教育活動を推進し、生徒が地域や企業へ入っていく授業と、地域や企業の人たちが学校へ入ってくる授業との両方を充実させ、「流山コラボレーションシステム」を構築して、自立を目指すシステムづくりが重要であると考えた。

(2) 教育課程の位置づけと校内体制

地域や企業等と連携・協働した教育活動を積極的に展開するために、3年生に学校設定教科を設定し、2学科ごとに、週7単位時間を日課表に位置づけ、年間約140単位時間を設定した。

また、1・2年生は、キャリア・チャレンジで必要となる基礎基本を身につけるため、専門教科の中で、「キャリア・ベーシック」と呼んで、

	月	火	水	木	金
1				学校設定教科「キャリア・チャレンジ」	総合
2	専門	専門	専門		自立
3					家庭
4					
5	道徳	理科	HR		美術
6	国語	音楽	情報		英語/社会
7	数学	保体	保体		委員会/部活

地域等と連携した教育活動に取り組んでいる。

そして、校内では、キャリア教育コーディネーターを指名し、キャリア・チャレンジの授業を中心となって担う分掌を位置づけた。コーディネーターの主な職務としては、年間指導計画の作成、教育活動の円滑な実施（地域等との連絡・調整や教員体制の確立）、生徒の学習評価、教育活動の改善などが挙げられる。

(3) キャリア・チャレンジの目標

キャリア・チャレンジの目標は、以下のように設定した。

○ 地域社会の中で、社会自立・職業自立に向けたキャリア発達を図り、社会人として主体的に生きるために必要・有用な知識・技能・態度を高めるとともに、地域社会の活性化に資する。

○ 地域社会と連携・協働した体験活動や社会人を活用した授業により、青年期に向けたキャリア発達を図る。

○ 体験的・実践的な活動の中で、就労先への円滑な移行に向けた知識・技能・態度を高める。

○ 社会自立・職業自立に必要なコミュニケーション能力やソーシャルスキルを養う。

3　学習内容

キャリア・チャレンジの学習内容は、各コー

6 地域協働キャリア・チャレンジの実践

ス単位を基本に、以下の4つの学習内容を設定している。

(1) クリーニング・チャレンジ

①清掃業務の専門家による清掃講座（1年） ②校内清掃検定（2・3年） ③地域の保育園、コミュニティホーム、自治会館、消防署などへの校外清掃実習（2・3年）の3つの内容を実施している。

1年では、清掃講座で清掃に関する基礎基本を学習し、2・3年では、清掃検定で清掃技能の習得を確実なものとしていく。そして、校外清掃実習において、その力を生かして、地域貢献活動に取り組めるよう、系統的に実施している。

(2) サービス・チャレンジ

地域のショッピングセンターや駅通路など7カ所で、延べ36回、販売活動を実施している。

キャリア・チャレンジの販売実習は、流通サービスコースの商品管理グループと連携し、200種類以上の本校製品の入庫・出庫を管理しながら、流通サービスコースが開発したバーコードによるレジシステムを採用しながら、他コース製品を含めて販売を行っている。

昨年度までは3年生のキャリア・チャレンジで実施していたが、今年度より、1・2年生のキャリア・ベーシックに移行して実施している。

(3) スペシャリスト・チャレンジ

1・2年生の専門教科で身につけた力を生かし、各コースごとに、地域貢献する学習活動を実践している。

具体的には、下記のような活動を実施してきた。

学科	活動内容
園芸技術	駅前などでの花の植栽、保育園児や近隣中学生との野菜の植えつけ・収穫体験
工業技術	保育園児や地域住民を招いた陶芸教室、地域住民宅のコンクリート施工、地域名所の階段づくり
生活技術	地域住民を招いた機織り教室
福祉・流通サービス	福祉施設での高齢者交流、地域住民を招いた介護サービス、地域施設等での清掃実習
すべての学科	中学3年生を対象とした体験入学（年2回）、近隣小学校との体験交流

すべての学科・コースで実施した中学生体験入学の、中学生の感想を紹介する。

●とてもいい学校だと思いました！
　私は、とてもいい学校だと思いました。なぜなら、流山高等学園の生徒の皆さんが、笑顔で迎えてくれているところがとてもいい人たちだと思いました。私も、みんなを笑顔で迎えてあげられる人間になりたいと思いました。3年生の皆さんに教えてもらったことを中学校生活で生かしたいです。

●びっくりしています
　3年の先輩がすごくほめてくれたので楽しんでできました。難しいところも分かりやすく教えてくださったので、ゆっくりだけど完成した時にほめられて、自分でもこんなに上手に作れたことにびっくりしています。

第２章　地域との関わりの中でキャリア発達を支援する実践

(4) ソーシャル・チャレンジ

①免許・資格取得講座　②進路学習　③企業等を活用した授業の３つの学習内容を設定している。学習テーマに密接な外部人材を授業に参画してもらうことで、社会との関連づけを図り、生徒の自立を促していきたいと考えている。

具体的には、学校内で資格が取得できるよう、地域の関連団体と連携し、フォークリフト特別教育、ガス溶接などの学習を実施している。

また、企業等と連携し、「POPづくり」「接客マナー」「給料の使い方」「インタビューをしよう」「なりたい自分になるには」「卒後の身だしなみ」など、生徒の実態を踏まえた講座を実施してきた。さらに、今年度からは、実在する企業からのミッションを解決する「課題解決型学習」を行っている。ディベート、ロールプレイ、ブレインストーミング、プレゼンなどのアクティブ・ラーニングの手法を使いながら、主体的・協働的に学ぶ授業を実践している。

4　学習評価

キャリア・チャレンジの学習評価の観点は、育成したい能力や態度と、中央教育審議会から示された「基礎的・汎用的能力」を参考に、次の４観点とした。

> ①仲間と協力し合って活動できたか。
> ②自分の役割を理解し、積極的に活動に取り組めたか。
> ③課題が分かり、自分なりに工夫できたか。
> ④活動を通して、働く意味が理解できたか。

そして、一連の教育活動の終了後、生徒に授業評価と感想文を記入してもらい、その評価等に基づき、キャリア・チャレンジの成果と課題を検証することにしている。

(1) 生徒の授業評価

年度末、生徒に１年間の「キャリア・チャレンジ」の授業評価を実施した。

評価項目は、上記の①～④の４項目で、それぞれ４段階評価（４…とてもそう思う　３…まあそう思う　２…あまりそう思わない　１…まったくそう思わない）で記入してもらった。昨年度の評価結果は、下記のように、①～④のどの評価項目も肯定的な評価が９割近くであった。

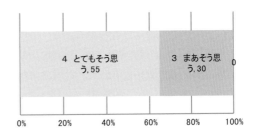

①仲間と協力し合って活動できた

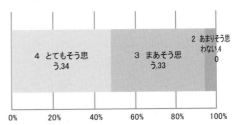

②自分の役割を理解し, 意欲的に取り組めた

6 地域協働キャリア・チャレンジの実践

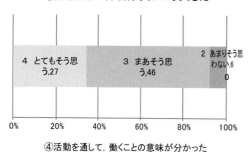

③課題が分かり，自分なりに工夫できた

④活動を通して，働くことの意味が分かった

(2) 生徒の授業感想

　授業評価とともに、授業の感想を記入してもらった。授業評価の理由、この1年間で進歩したと思う点、授業の中で感じたことなどについて、自由に記入してもらった。

●勉強になったことはコミュニケーション
　この1年間で勉強になったことは、仲間の大切さや地域の方々とのコミュニケーションです。清掃実習では、掃除の楽しさを学び、施設の方に喜んでもらえるように清掃を頑張りました。販売実習では、地域の方々に製品を売る作業をしました。地域の方々とコミュニケーションが勉強になりました。

●できなかったことができるように
　クリーニング・チャレンジの清掃検定で、自在ぼうき、スクイジーの使い方がどこまでできているのか知ることができ、できなかったことができるようにすることができました。販売会で接客の仕方を知ることができ、回数を重ねていくうちにうまくでき

るようになりました。お金の学習ではお金の使い方を知ることができ、これからの学習に生かしていきたいと思います。

●仲間と協力する大切さ
　キャリア・チャレンジでは、普通の授業と違って、クラス全員で協力してやっていた授業なので、仲間と協力する大切さが、この授業を通じて知ることができました。特に大変だったのが、販売実習でした。他のコースの商品をどのようにしたら売れるか、どのようにお客様に説明するか、などが大変でした。自分の就職先で、必要な能力を勉強できたので、自分のためになりました。

5 成果と課題

(1) 成果

　生徒の授業評価では、4つの評価項目とも、肯定的に評価している生徒の割合が9割を超えた。このことから、「キャリア・チャレンジ」の授業実践は、一定の成果を得ることができたと判断している。また、生徒の授業感想から、次のような点が成果として考えられる。

①自己肯定感の醸成
　販売実習や清掃実習などにおいて、地域の人たちから感謝の言葉や、褒め言葉をもらうことによって、生徒たちは喜びを実感し、次の活動をより良いものにしていこうとする意欲や態度の向上に結びついている。地域の方から必要とされることにより、生徒の自己肯定感がより一層育まれたといえる。

②仲間と協働する力やコミュニケーション能力の向上
　継続的に地域の人たちと接したり、アクティ

ブ・ラーニングの手法を用いて、他者と協働する場を意図的に設定することで、チームで協働することの大切さやコミュニケーション力が向上したと自覚する生徒が多く見られた。

③〈自分の進歩〉の実感

　学校の学習内容と社会とを関連づけ、実社会に関心を持てるように、題材に深く関わる企業等の授業参画を図ってきた。そして、生徒の意欲を喚起できる教材で授業をすることで、できなかったことができるようになるなど、生徒自身が〈自分の進歩〉を実感できることが多く見られた。

(2) 課題

①地域等と連携した教育活動の創造

　地域や企業等と連携した教育活動をどのように充実させていくかが課題である。福祉サービスコースでは、「n CAFE BAKERY」という地域に開かれた校内喫茶サービスの活動が、平成26年度千葉日報社主催の千葉教育大賞に輝いた。また、園芸コースの駅前植栽の活動が、市のガーデニングコンテストの市民特別賞に表彰された。このように、地域からも大きな賞賛と期待を寄せられる学校になり、「地域の活性化に貢献している」との地域住民からの声も多く聞かれるようになった。そして、このことは、生徒の自信にもつながっている。

　今後、地域等と連携・協働した教育活動を、学科・コースの中でどのように創造していくか。また、ICTを活用することで、学校と地域や企業等を結びつけることができないか、検討していきたい。

②系統的な教育活動の設定

　今年度、キャリア・チャレンジを設定して4年目を迎えたが、教育活動の大きな見直しを図った。それは、3年で行っていたキャリア・チャレンジの学習内容の一部を、1・2年に移行したことである。こうすることで、1・2年から実社会と関連づけた教育活動を継続的に行うことで、育成したい能力や態度が確実に身につくのではないかと考えたからである。今後、生徒の授業評価等に基づき検証していきたい。

第Ⅱ部　実践◆第2章　地域との関わりの中でキャリア発達を支援する実践

7 一人一人のキャリア発達を支援する
～大学と連携した取組～

金沢大学人間社会学域学校教育学類附属特別支援学校　山本　仁

　本校では、平成20年度から24年度までの5年間、ICF（国際生活機能分類）の理念に学びながら教育実践研究を行ってきた。その中で、①児童生徒・保護者・教師の3者の思い（ニーズ）をもとに目標設定を行い、教育実践につなげること、②学習活動の中で、児童生徒自身による目標設定や振り返りを行うこと、③児童生徒の行動の変容だけでなく、「内面」の変化を捉えること、を大切にしてきた。その成果を踏まえ、平成26年度からは、文部科学省委託事業「キャリア教育・就労支援等の充実事業」を受託して、一人一人のキャリア発達を促す教育実践と学校の在り方の研究に取り組んでいる。これまでの取組から、大学と連携した学習について報告する。
◆キーワード◆　ICFの理念　ニーズをもとにした目標設定　振り返り　内面　大学との連携

1　学校の概要

　本校は、金沢大学人間社会学域学校教育学類に附属する機関である。他に幼稚園、小学校、中学校、高等学校があり、教育実践研究と教員養成に取り組んでいる。立地環境は、日本3名園の1つ「兼六園」に隣接し、金沢市街中心部にありながら自然環境に恵まれている。また、近隣には高齢者向けサービス事業所、保育園、小・中学校があり、さらに周辺には文化施設や商業施設も多く、地域の中で学習活動を展開する環境にも恵まれている。児童生徒の定員を60名としており、今年度は小学部16名、中学部17名、高等部25名、合計58名が在籍している。

　児童生徒の障害の状況は、全員知的障害があり、さらに小学部の12名、中学部の14名、高等部の12名が自閉症もしくはその疑いがある。自閉症もしくは自閉症と思われる児童生徒は全体の64％になる。過去5年間の高等部卒業生の進路状況は、卒業生40名の内、一般就労（企業のみ）12名、就労移行支援事業利用5名、就労継続B型事業利用10名、生活介護事業利用11名、職業訓練等その他2名である。

2　平成20年度～24年度学校研究の概要

　標記の期間、ICF（国際生活機能分類）の理念やICF整理シート（上田、大川 2005）を参考に、「1人1人のニーズを読み取り育てる取り組み」（平成20年度～22年度）・「1人1人の自己実現につながる学校生活の再考」（平成23・24年度）というテーマで教育実践研究に取り組んだ。

　研究を通して、①子供と保護者の希望や願いを大切にし、それらを教育的ニーズに整理すること、②子供のこれまでの体験に基づく自分や自分に関わる環境に対する知識、認識をより現実に即して更新できるようにすること、③教師

は子供と学習活動の目標と意義を共有し、プロセスも含めた結果を児童生徒の行動の変容だけでなく内面の変化にも焦点を当てて評価すること、そしてその評価を子供と共有することの重要性を確認した。

具体的には、単元や授業の企画にあたって、児童生徒のニーズや強みを取り入れること、個々の目標を児童生徒と共有すること、活動の中で児童生徒の選択や決定の機会を大切にすること、学習の振り返りを行い自己評価や児童生徒同士の評価を行った。

学習活動に取り組む際や活動後の児童生徒の全体像を捉えるために、ICF整理シート（上田、大川 2005）を活用したが、児童生徒の内面は児童生徒が活動中に発信する言動を基に教師間で協議し、推察することで捉えた。学習活動の結果、児童生徒が得た知識や技術だけでなく、そのことによる内面の変容を推察していったことは、平成26年度から取り組んでいるキャリア教育研究の、児童生徒のキャリア発達を促す実践につながるものであった。

3 文科省事業「キャリア教育・就労支援等の充実事業」の概要

「キャリア発達支援の視点による小中高12年間を見通した学習活動の充実改善」というテーマで、平成26年度・27年度と文部科学省の標記事業を受託し、教育実践研究に取り組んでいる。

研究の目的は、①これまでの学習内容や、その系統性、関連性及び学部間の連携、地域との連携等について検討する、②児童生徒のキャリア発達を促す教師の支援や授業のあり方を検討する、である。

②については、小学部において遊びの指導と生活単元学習、中学部において生活単元学習、高等部において作業学習を中心に、教師の支援や授業のあり方について検討している。

その際、本校ではキャリア発達を「子供たちが経験を通して、自分や自分に関係性があるすべての事象に対する知識や認識を、より現実に即して新たにしていくこと。その営みを繰り返しながら、自分らしい生き方を実現していくこと」と捉えた。

平成26年度の研究では、児童生徒のキャリア発達を促すための、教師の支援と授業のあり方について以下のことを確認した。

```
（教師の支援）
・児童生徒に共感的・協働的態度で関わる。
・児童生徒が自ら考えたり気づいたりするように常に児童生徒に問う。
・児童生徒の希望や願いを受けとめながらも、提案をし、児童生徒と対話を繰り返すことで、児童生徒の主体的な行動を引き出す。
```

```
（授業のあり方）
・児童生徒の希望や願いを学習活動に取り入れる。
・児童生徒の強みを活動に生かす。
・学習の目標と、学習することの意味や意義を児童生徒と共有する。
・児童生徒自身や児童生徒同士、教師と共に活動の振り返りを大切にする。
```

平成27年度は、キャリア発達やその支援の評価、授業の評価との関係等について整理できるよう取り組んでいる。

4 大学と連携した取組

平成16年度の国立大学法人化に伴い、6年を一期とする大学運営計画に係る中期目標・計画の策定されることとなった。その中で大学と附属学校の連携強化が示され、本校においても、大学と連携して学習活動に取り組んでいる。

(1) 作業学習の改善（プラタナス・プロジェクト）

平成19年度、大学及び大学生協と連携して高等部の作業学習の改善に取り組んだ。当時の作業学習は、物づくりが中心で作業種も木工、菜園、ビーズ工芸、製菓（焼き菓子）、陶芸だった。また、担当教師によって独自に各作業班が運営されていた。そこで、製菓班を核として作業学習班の再編を行うと共に、特別支援教育専修の学生及び大学生協と共同して、「ショップ」を展開することに取り組んだ。生徒が大学生と共に、企画・製造・流通・販売という一連の活動に、主体的に取り組むことを目指した活動である。

同時に、生徒と大学生の意見を基に、「プラタナス」というブランドマークを作成したり、○○班という名称から○○工房という名称に変更したり、ユニフォームを刷新するなど、明るく楽しいイメージが持てるようにした。

ロゴマーク

※本校には、創立当初より、すずかけの木が数本植えられている。大きな葉の下に可愛い実がつき、やがて葉が散る様子を、親や教師に愛情を注がれ、子が自立していく姿を表していると考え、以前から会や活動名に「すずかけ」を用いてきた。

大学生協で学生とミーティング

大学生協での販売

生徒と大学生が一緒に取り組んだ活動は、ロゴマークの作製や新しい商品の開発、店づくりと販売方法などに関するミーティング、大学生協での販売活動や活動の振り返りである。

教師は、生徒が大学生と一緒に活動することで、大学生をモデルとした大人として振る舞いや、自分の意見を述べるなどのコミュニケーション力、物事に対する選択や決定する力の育ちを期待した。また、学生の自然なサポートを受けつつ、活動に対して主体性を感じ、結果に対しての責任と自信を持つことも目標とした。

プロジェクト委員として参加した生徒達のアンケートや反省会での発言は、「大学生が恰好いい。おしゃれだった。話が楽しかった。またやりたい。たくさん売れて良かった」など、「大学生のようになりたい」という思いや成功

第2章 地域との関わりの中でキャリア発達を支援する実践

感、達成感を推察できる内容だった。

教師も生徒同様に、プロジェクトの成果に成功感や達成感を感じ、活動の様子や生徒の言動から成長を評価したが、個々の生徒が活動を通して得た知識や技術、生徒の思いなどの意味や価値を評価するには至らなかった。

このプロジェクトは、平成22年度まで続けられ、その間、大学生をモデルにした大学生との学びは、進路学習（職業科）での大学生を講師とした「一人暮らし」の授業や、着こなし・お洒落をテーマにした「くらし」（家庭科）など他の授業へと展開していった。

(2) プラタナス委員会

平成24年度に、プラタナス・プロジェクト委員会を発展させて、各工房代表で組織するプラタナス委員会を発足させた。この取組は大学生と連携したものではないが、生徒が主体性を発揮する、生徒同士の活動をつなげる、それぞれの生徒が作業学習全体の中で担う役割を意識する、生徒の自己選択や自己決定の機会をつくる、自分たちの活動の意義を知るなど、現在の実践研究に照らして、生徒のキャリア発達を促す取組であったと言える。

プラタナス委員会は、各工房から選出された代表9名で構成した。各工房を統括し、生徒自身が作業学習全体について協議し、運営する機能を持たせた。

生徒が具体的な目標を持って活動に取り組めるように、平成22年度から実施している年度末の作業学習反省会に関する企画から実施までを、プラタナス委員会の主な活動とした。反省会は各工房の売上金の一部を充当して実施していて、委員は反省会を実施するための目標金額の設定と各工房の売上金の管理を行った。また、生徒からの発案で東北地方の震災の義援金も売上金から拠出することになり、その管理もあわせて行った。委員が話し合いを重ねる内に、他の工房の活動に関心が高まり、それぞれの活動や努力していることなどを発表し合う機会を設けたり、売り上げを伸ばすために不良品を出さない工夫や、より良い製品を作るために工房間で連携したりするなどの改善がなされた。また、秋の学習発表会では映像と言葉で、1人1人が作業活動に取り組む様子を発表した。

活動の中からエピソードを紹介する。

・売り上げが少ない工房に批判的な意見が出されたが、一方で、「メンバー構成や作業内容の違いで金額が変わることはしょうがない」という意見が出され、結果的に他の工房について、理解し合い認め合うことになった。

・パッケージグループから、「焼き菓子の厚みが違い、袋詰めに時間がかかるので、同じ厚みにしてほしい」という要求が製造グループに出された。生地を切る作業をしている生徒は、教師の指示に対して反抗的になる事が多

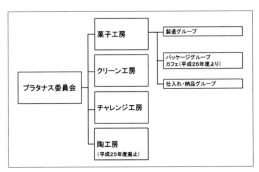

作業学習の組織図
※クリーン工房は学校内外の環境整備、チャレンジ工房は雑貨店に納入する梱包材や菓子工房で使用する消耗品の製作を行っている。
当時は菜園工房があったが現在はクリーン工房に変更。

い生徒だったが、自分の役割や作業の意義、関係性を理解して素直に応じることができた。
・陶工房では、成形が悪いと焼成前に壊して粘土に戻すことになる。作業が無駄になることに気づいた生徒から不良品を出さないための工夫が提案され、作業方法が改善された。

プラタナス委員会の取組は、作業学習を生徒にとって「させられる作業学習」から「する作業学習」に転換するものだった。

生徒は、反省会の実施という具体的な目標に向かって主体性を発揮した。売上金という目に見える成果は生徒のモチベーションを維持・強化した。また、仲間と協力したり対立したりしながら共通の目標・活動に取り組むことは、高等部という生活年齢にふさわしい課題でもあり、集団としての力を発揮した。教師は、生徒の失敗も許容しながら見守りを基本とし、生徒それぞれの強みを活動の中で生かしたり、生徒同士の関係を調整したり、課題解決のための助言をしたりと、あくまでも主体が生徒にある支援を行った。

以上のような取組を基に、平成26年度よりキャリア教育・キャリア発達支援の視点で作業学習を捉えなおしている。

(3) 作業学習モデルプランの開発「社会人と協働する作業学習」

文部科学省「キャリア教育・就労支援等の充実事業」の取組の1つで、大学に技能補佐員として従事する、障害がある社会人と一緒に作業する試みを行っている。

現在、金沢大学は法定雇用率を満たし、60名を超える障害がある人を雇用している（平成26年度障害者雇用状況の集計結果　厚生労働省）

が、そのうち26名の障害がある人と5名のジョブコーチが人事課に所属して建物の清掃業務に従事している。

その清掃部門と連携し、週3日間、2名の技能補佐員が本校の清掃や環境整備に従事し、その際一部の業務で、高等部クリーン工房の生徒と共に作業する。技能補佐員、いわゆる社会人と協働することで生徒に期待したいことは以下のとおりである。

・社会人をモデルとして、働く上で必要な事柄について生徒自らが気づき、学び、向上するよう主体性を発揮して作業学習に取り組む。
・社会人の、働くことを中心とした生活を知ることで、自分の卒業後の生活を具体的にイメージし、希望や期待、目標を持って作業学習に取り組む。

そのための方策の1つとして、実際の作業に取り組むだけでなく、計画したテーマや作業に取り組む中で生じた課題を解決するために、社会人を交えたミーティングを行っている。教師

月	主な校内作業	地域と連携した作業	ミーティング
4月	除草作業	園芸作業	「社会人と一緒に作業する目的」
5月			「クリーン工房の役割と仕事の意義」
6月	窓清掃		「社会人の生活」※
7月	剪定作業など		「社会人の仕事と窓ふきの手順」
9月	除草作業		「1学期の振り返り」
10月		園芸作業	「※ 繰り返し」
11月	窓清掃		
12月	校舎周辺清掃		「2学期の振り返り」
1月	窓清掃除雪作業		
2月	窓清掃		「仕事について（窓清掃を通して）」
3月		園芸作業	「社会人から学んだこと・クリーン工房で学んだこと」

平成27年度のクリーン工房の活動計画表
※太線枠の作業を社会人と一緒に行う。

第2章　地域との関わりの中でキャリア発達を支援する実践

社会人との協働作業の様子（平成26年度）

は作業においてもミーティングにおいても、社会人と生徒が相互に学び合う関係性に心を配りながら、生徒が自分たちの活動の意義や意味を理解し、目的意識を持って、向上していくことを目指している。

ミーティングの様子を紹介する。

「社会人と一緒に作業することの目的」についてのミーティングでは、お互いを知ることや一緒に作業することの目的について考えた。ある生徒は社会人と自分たちの違いを「社会人は仕事をすると給料を貰えるが、学生は作業をしても貰えない」と発言し、皆が納得した。2人の社会人の凄いところ、良いところについて尋ねると、「Aさんは、元気な挨拶、仕事が速い。Bさんは、重たい物を持つことができる、時間を気にしないで仕事をする、テキパキしている」

収入と生活について生徒に話すAさん
（ジョブコーチが支援している）

と一緒に作業しながら社会人の働く様子を見ているようだった。

「社会人の生活について」のミーティングでは、2人の社会人に給料でどのように生活をしているか話してもらった。生徒は、2人が家族のためにお金を使っていることや、楽しむために数万円のお金を使っていることに驚いた。生徒に自分が社会人になった時にどんな生活をしたいか尋ねると、「給料は7万8千円欲しい。ゲームセンターで3万円使いたい」「10万円の給料を貯金していく」「生活するには最低15万円は必要だと思う。土日にはいろいろ遊びたい」「お酒が飲みたい。運動したい」などと答えた。また、生徒に自分の希望をかなえるために今何をすべきか尋ねると、作業を頑張ること、家の手伝いをすること、体力をつけること、無駄遣いを避けるなどの回答があった。

5　おわりに

児童生徒のキャリア発達を促す実践研究に取り組む今の地点から、大学との連携という視点で平成19年度からの作業学習の取組をまとめた。

取組の基本は、生徒の主体性を引き出し高めることだった。大学と連携した第一の意義もそこにある。

具体的な取組や教師の関わりは前述のとおりであるが、取組の経過の中で、特に児童生徒・保護者・教師の3者の思い（ニーズ）をもとに目標設定を行うこと、生徒と共に目標を共有すること、活動の振り返りを行うことを重視してきた。教師の関わりについては、〈3　文科省事業「キャリア教育・就労支援等の充実事業」の概要〉で示したように、昨年度の研究成果と

してまとめている。

　キャリア教育・キャリア発達支援の視点で現在やこれまでの活動を捉えなおすことにより、教師は児童生徒の変容を外形化される言動だけでなく、変容を児童生徒自身がどのように感じているか、どのような意味や価値を見出しているかなど、より個別に、丁寧にその変容を見取ることに取り組んでいる。

　それは、主に活動の振り返り時に行われるが、筆者は活動を行う前のアセスメントや活動中にも行うべきだと考える。アセスメントを通して児童生徒が、これまでの活動を振り返り、現在の自分についての認識を確かなものにすることは、これから取り組む学習の目標や課題を認識し、学習することで成長する自分を予測することにつながるだろう。

　今回、大学との連携というテーマをいただき、高等部の作業学習について振り返る機会を得た。本校の今現在の取組は、過去から続く轍の上にあり、本校の教師もまた児童生徒と共に成長・発達をしてきていることを改めて感じている。

【参考文献・資料】
1）ICFの理解と活用（2005）上田敏 著　きょうされん
2）キャリア発達支援研究1（2014）ジアース教育新社
　　尾崎祐三「共生社会の形成におけるキャリア教育の役割」
　　木村宣孝「キャリア教育の視点について考える」
3）キャリア教育概説（2008）東洋館出版社
　　古川雅文　Ⅹ-1　評価の目的・意義　日本キャリア教育学会編
4）平成22年度・24年度・26年度本校研究紀要
5）厚生労働省　平成26年度障害者雇用状況の集計結果

第Ⅱ部　実践◆第2章　地域との関わりの中でキャリア発達を支援する実践

8 地域を教室に一人一人の キャリア発達を促す取組

～作業学習『ちいき』で地域に根差した実践～

静岡県立清水特別支援学校　鈴木　雅義

　本校は、平成22年度に開校し、6年目を迎える知的障害特別支援学校である。学校教育目標に「児童生徒一人一人が夢を持って可能性を伸ばし、地域で自分らしく生きることをみんなで支援する」を掲げ、地域と共に歩む姿勢を大切に、地域を教室（学びの場）とする活動を教育課程に位置づけている。そして、日々の教育実践の拠りどころとなる「ともにあゆみ、ともにかがやく」を教育理念として、地域と一緒になって学校づくりを進めてきた。学校が主導となって動くのではなく、地域社会と一体となって児童生徒の学びを支えていくことを大切にしている。
　地域で自分らしく生きる人に育てる営みの中に、キャリア発達を促す教育としての視点が盛り込まれており、本校が開校以来大切にしてきたことが一人一人のキャリア発達を促すことにつながっている。
　本校高等部の作業学習「ちいき」は、まさに地域を教室にした取組であり、地域とともに発展を遂げている。地域とともに歩んでいる授業実践を紹介する。
◆キーワード　◆地域が教室　◆12年間のつながり

1　学校概要

(1) 教育理念

　本校は、開校6年目を迎える知的障害を有する児童生徒が通う特別支援学校である。小学部・中学部・高等部合わせて全校児童生徒数は、200人程度で中規模の学校であり、地域、家庭と連携を図りながらさらなる発展の可能性を探り、1歩1歩前進しているところである。また、本校の教育理念である「ともにあゆみ、ともにかがやく」のもと、地域を学びの場とし教育活動を展開している。児童生徒は、地域での活動を通して将来への社会参加をスムーズに行えるように経験を積んでいる。こうしたことから、この教育理念は、本校の教育の拠り所であるとともに、地域社会に教育活動を発信するものでもある。

(2) 本校の目指す学校像

①児童生徒が学校や地域で、目標を持ち、安心して活動できる学校
②児童生徒のライフステージにおける地域資源を積極的に活用する学校
③児童生徒の可能性を最大限に引き出す教職員の専門性を磨く学校
④特別支援教育のセンター的機能を発揮し、地域とともにあゆむ学校
を目指す学校像として取り組んでいる。

(3) 地域の特性

　本校のある清水区は、静岡県のほぼ中央部分に位置し、古くは、港町、宿場町として発展

てきた地域であり、人と人とが活発に往来し人を受け入れながら盛んに交流が培われてきた。「人が集まり交流する場」としての地域性を持ったこの地域は、交流活動に適している活動場所である。「港かっぽれ」「清水七夕祭り」などこの地域で代表的な行事として挙げられるが、人々の底知れぬ力を感じるものである。この魅力ある地域を学びの場として児童生徒の実態に合わせた学習が行われている。

(4) 地域環境を生かす教育課程の編成

本校が地域環境に恵まれた状況にあること、地域を活用した教育に積み重ねがあること等、地域環境を生かす教育課程の編成がされている。

(5) 本校の「12年間のつながり」

小・中・高、各学部の目標の連続性を明確にするために、12年間を見通した中で各学部の育てたい力を整理し、12年間のつながりの見える化を図っている。本校の設定したキャリア教育

	strong point	weak point
地域環境	○立地条件がよく、地域を活用しやすい ○地域とのつながりがある ○土地柄がよい ○関係機関との連携がとれている ○物理的、人材的に恵まれた学習環境	・現状の地域資源を活用しきれていない部分がある 【校内の環境】 ・グランドが狭い ・本が少ない ・これから先、教室の不足、狭隘化が心配
教育課程学習	○地域の学習に積み重ね ○12年間のつながりを意識 ○小中高12年間を通して体を動かす行事、活動がある ・生活中心の教育課程 ○交流がやりやすい ○高等部の作業製品のオリジナリティ	・教育内容の精選と構築がしきれていない ・校内の設備、敷地を学習に十分活用できていない ・職業教育の充実（中） ・グルーピングが多く分かりにくい（高）

図1　本校の強みと弱み分析表

段階 観点	小学部	中学部	高等部
つながる姿 対人関係、協力、共同、コミュニケーション力、自己肯定感、社会性	◎友達と一緒に楽しく活動する。 ○自分の気持ちを伝える。 ○身近な人とやりとりをする。 ○あいさつや返事など、自分から表現する。 ○友達や教師と一緒に楽しい経験、がんばる経験を積む。	◎友達と協調、協力する。 ○自分の気持ちを伝え、周りからの意思表示を受け止める。 ○友達や教師に場面に応じたあいさつ、返事をする。 ○集団の中で自分の役割・仕事を行う。	◎仲間とともに学ぶことや物事に感動することに喜びを持つ。 ◎相手を思いやり、場や人に応じた言動をする。 ○周囲の人と協力したり、判断したりして活動に取り組む。 ○場面に合った言葉遣いや社会（校外）でも伝わる表現ができる。 ○様々な人と適切なコミュニケーションがとれる。 ○集団の一員として、役割を果たす。
わかる姿 自他理解、自己選択、自己決定、判断力	○他者の存在に気づく。自分の区別がつく。 ○自分の好きなこと、苦手なことを見つける。 ○やりたいことを2～3の選択肢の中から選ぶ。 ○できたことが分かる。 ○その場の約束を守る。	○自分の得意なこと、苦手なことを見つける。 ○相手のよいところを見つける。 ○相手の気持ちを知る。 ○自分の役割に気づく。 ○選択肢から目的に応じ、やりたいもの、自分に合ったものを選ぶ。 ○より良いやり方を見つける。 ○自分から約束やルールに気づいて守る。 ○活動の手順が分かる。	○自分の長所や短所に気づき、生かす。 ○相手の思いを認める、尊重する。 ○自分の適正に合った役割を選ぶ。 ○自分の力が活かせ、やりたい仕事を選ぶ。 ○より良いやり方を探り、行う。 ○ルール、約束の意義を知り、守る。 ○自分の行動、取り組んだ活動の自己評価をする。
えがく姿 見通し、目標設定、将来設計、職業理解、情報活用、夢や希望を持つ	○活動を楽しみにする。 ○憧れの人の真似をする。 ○身近で働く人に興味・関心を持つ。 ○自分で目標を決める。 ○手がかりをもとに行う。 ○家庭や学校で役に立つ良さを味わう。	◎仲間や地域のために活動することに喜びを持つ。 ○働くことの喜びを知る。 ○憧れとする仕事や活動を持つ。 ○自分の将来について考え、働くことに興味関心を持つ。 ○自分の目標に向け、計画を立てたり、情報を集めたりする。	○働くことに見通しを持ち、夢を持って努力する。 ○働く意義や働く上で必要なことが分かる。 ○将来に向けて自分にふさわしい職業や仕事への関心を持つ。 ○社会生活にはいろいろな役割、責任があることが分かる。 ○生活を豊かにする余暇活動を広げる。 ○自分に合った目標設定、解決策を見つける。
とりくむ姿 自主的・主体的に取り組む姿勢課題解決	◎様々なことに興味・関心を持ち、進んで取り組む。 ○「やりたいこと」を増やし、経験を重ねる。 ○遊び込み、夢中になって活動する。 ○繰り返し何度もやる。 ○時間いっぱい活動をする。	○活動に自分から進んで取り組む。 ○最後までやり遂げる。 ○自分の役割が分かって行う。 ○自分で目標を決め、達成する。	○自分で判断し、進んで取り組む。 ○「やるべきこと」の意義が分かり、最後までやり遂げる。 ○任されたことは一人で行う。 ○手順に忠実に行う。

図2　清水特別支援学校【12年間のつながり一覧】

の観点「つながる姿」「分かる姿」「えがく姿」「とりくむ姿」をもとに整理されている。

<つながる姿>
・地域に遊び、学び、参加する
・みんなと仲良く協力する

<分かる姿>
・自分の良さに気づき、もてる力を精一杯発揮する
・自ら考え、よりよく学ぶ

<夢をえがいてとりくむ姿>
・自分から進んで行う
・よく働き、最後までやり通す
・命を大切にし、健康な心と体をつくる

2 高等部の作業学習

(1) 本校高等部の考え方

基本的な考え方は、「地域に遊び、学び、参加する」である。地域を総合的な学びの場として捉え、積極的に出向くことで、職場や地域で、意欲的に活動できる態度と体力を育み、仲間や地域生活での活動を楽しむための社会性や豊かな感性を高めることとしている。また、地域で働く経験を積み重ねることで、働くことに見通しを持ち、自己実現に向けて努力することを目指している。目指す生徒像は、図3に示すとおりである。

(2) 高等部教育と授業づくりのポイント

高等部の教育課程の柱は、作業学習である。本校では、在籍生徒の増加と多様化、進路状況や産業構造の変化に対応するため、作業学習「ものづくり」と作業学習「ちいき」の2種類を設定し取り組んでいる。「ものづくり」では、働くことの基礎的な部分を行い、「ちいき」は

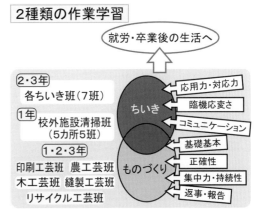

図3 高等部の目指す生徒像　H27研修課

図4 高等部2種類の作業学習　H27研修課

応用的な部分を担っていると考え、2種類の作業が両輪を成し、生徒1人1人のキャリア発達を促している。

職場や地域で、意欲的に活動できる態度と体力を育み、仲間や地域生活での活動を楽しむための社会性や豊かな感性を高めることが生徒にとって必要であり、授業づくりの上で欠かせないこととしている。そして、地域で働く経験を積み重ねることで、働くことに見通しを持ち、自己実現に向けて努力することを目指し、日々活動を重ね進めることを授業づくりのポイントとして据えている。

(3) 作業学習「ちいき」の特徴

「ちいき」は、作業を通して第3者との関わりを大切にするという考えを基に、地域の人材と場所を借りて行う作業学習である。また、

⑧ 地域を教室に一人一人のキャリア発達を促す取組

	ちいき	ものづくり
活動設定の工夫	仕事ありき 顧客のニーズに応える 生徒、教師、地域の人 実際の社会の場面	人ありき 生徒のできること 生徒、教師 校内で設定
環境設定の工夫		
教材設定の工夫 働きかけの工夫	できる状況づくり 教師も一緒に働く	
目標	切実感、班としての目標 (その日の仕事を終わらせる) (○○分間で●●終わらせる)	長期的な取り組み
評価	作業の結果 即時評価 客観的評価	作業製品 単元ごと、販売会ごとの評価 主観的評価
選択方法	学級担任が生徒一人一人の特徴から判断して班を決める	生徒の希望制

図5 「ちいき」「ものづくり」の特徴 H27研修課

「ちいき」は、現実的な条件下で相手のニーズや場に応じた対応をすることで、社会性(社会に通用する力)を養うことをねらっている。

作業学習「ちいき」班は、近隣のレンタカー店や、放課後支援施設、畳屋等、連携先があり、それぞれの班で特徴が異なっている。

1年生は、「ちいき」の基礎基本をどこでも必要である清掃からはじめ、2、3年生は、応用的な力や対応力を高めるために、より実際的な場所での作業を行っている。

(4) 作業地域連携先

本校は、比較的市街地に位置し、学校周辺は職場体験ができる資源の宝庫である。開校当初以来、開発を続け、協力連携先が12か所と増えてきている。生徒の実態や地域環境の変化等があるために、連携先は、実際に行っている数よりも多く存在している。

3 地域で意欲的に働く高等部の実践

(1) 作業学習「ちいき」清掃班の実践
①清掃班について

前項で述べてきたように、高等部の作業学習「ちいき」は、地域に出向き、地域で頼られる存在になることを目指している。

高等部1年生は、地域で清掃を行う前に、清掃業を中心とした就労移行支援施設の指導員より講義を受け、清掃技術を身につけるようにし

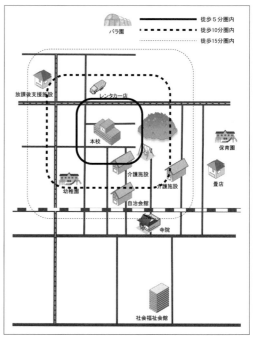

図6 作業学習「ちいき」 ちいきマップ

作業内容	連携先	作業内容	連携先
清掃	自治会館	洗車	レンタカー店
	寺院	畳解体	畳店
	幼稚園、保育園	喫茶	介護施設
	放課後支援施設	摘花草取り	バラ園
	社会福祉会館	交流・清掃	介護施設

図7 作業学習「ちいき」 連携先と作業内容

ている。清掃は、嫌いな仕事の一つとして挙げられることが多いが、清掃の専門家による、清掃を極めたプロフェッショナルからじかに学ぶことにより清掃に対する意識が上がった。

清掃を中心に行う理由として、家庭でも社会に出てからでも清掃を行う機会は多く、生活の中で必要不可欠な活動であるためである。また、清掃をする前と後の違いがはっきりと目で見て分かり、その場で施設の方に評価をしてもらえるため、清掃を行った生徒の達成感や自信につながることも挙げられる。

② **本格的なビル清掃に挑戦！**
＜社会福祉会館清掃班の取り組み＞

清掃を行う社会福祉会館は、学校より徒歩20分圏内にあり、清水区のほぼ中心部に位置している。清水区の地域福祉及びボランティア活動・市民活動に幅広く活用されており、高齢者から小さな子供連れまで多くの人々が訪れる複合施設である。外部利用者が多いこの施設での清掃活動は、多くの人の目に触れる中での作業で、緊張感が高まり、より丁寧な作業が望まれる。また、会議室、ホール等も含まれるため、それに付随するトイレの数も必然的に多いことが特徴として挙げられる。

写真1　施設管理課への報告

図8　フローチャート　生徒の変容

社会福祉会館清掃の作業の流れは、①ボランティアビューローでのあいさつ②福祉会館施設課で仕事内容確認③担当場所の確認④清掃ポイントの確認⑤清掃開始⑥終了の挨拶⑦評価となっている。清掃を始める前の段階で、話をしなければならない場面が設定されている。この施設は複合施設であることから、数カ所に連絡や報告が必要となっているためこの形をとっている。生徒たちにしてみれば、数回緊張感が訪れるのである。

清掃場面では、多くの利用者がいるため、あいさつ、返事、の回数は多い。トイレ清掃中の利用客は、「ご苦労様」「ありがとね」「きれいになったね」等々たくさんの言葉を掛け、本校生徒をねぎらう姿を見ることができた。清掃後の感想の場面では、「疲れたけど、ほめられたので頑張ることができた」「声をかけてもらって嬉しかった」等と生徒の口から聞くことができた。

③ **清掃班生徒の変容**

清掃作業に対してマイナスイメージを持つ生徒もたくさんいたが、技術を習得したり、地域の人たちによる励ましの言葉を聞いたことで自信を持って作業に取り組めるようになった。

(2) **作業学習「ちいき」畳班の実践**
① **畳班の特徴**

畳班は、学校より徒歩15分圏内に位置し、閑

図9 「ちいき」特徴シート

畳班	活動場所：宗○○畳店　連絡先：○○畳店 TEL 054-123-4567（FAX専用） 担当者：○○○○さん
作業内容	・畳の解体　・畳表をはがす
ねらい	・親方の指示に従い、安全に作業をすることができる。 ・親方のアドバイスをよく聞き、効率よく作業を進めることができる。 ・その日の仕事量や終了時間を意識して作業に取り組むことができる。
班の特徴 （作業内容・環境）	・実際に畳店に行って働くことで、生徒の意欲を高めることができる。 ・作業中にお客様や地域の人と挨拶や会話をすることで、支援学校や生徒に対しての理解が得られる。 ・実践型の作業で、とにかく経験を積む・増やすことを求められる。 ・親方の技術を目の前で見ることができるため、生徒の興味関心がわく作業である。 ・特殊な道具を使用するため、安全に道具を扱う技術が身につく。 ・夏場は暑いため、水筒やタオルを持参する必要がある。
年間の計画	年間通して畳の解体や畳表をはがす仕事を行う。
授業の流れ	日誌記入（目標の確認）→畳店へ移動（徒歩）→到着、挨拶、作業の確認→作業開始→片づけ→親方へ報告、親方の評価→挨拶、学校着→日誌記入（反省、次回の目標を決める）

写真2　畳店の外観　住宅街の一画にある

静な住宅街の一角にある個人経営の畳店に出向き、作業を行っている。住宅街で、道路に面した場所で作業を行っているので、地域住民の目に留まりやすく、「どこの生徒さん？」「お、きょうもやってるね」「暑い中たいへんだね」等々声をかけてくれる通行人が多い。

主な作業内容は、畳の解体である。解体には縫い糸を切ったり、抜いたりするための特殊な道具を使用して行い、使用方法を間違えると、怪我につながる危険性がある。そのため、道具の扱いや、整理整頓には特に気を配るようにしている。

親方と呼ばれる店主は、昔ながらの職人気質で、誰にでも別け隔てなく関わりを持ってくれる人物である。生徒のふだんの生活の中で親方と呼ばれる人物が周りにいないことから、生徒たちは、「すごい人」「特別な人」と畏敬の念をもって関わっている。本校の取り組みを理解し、積極的に生徒と関わる姿がある。

②畳班の生徒の実態

畳班の生徒の実態は、2年生2人、3年生2人、計4人で構成されている。失敗することがあり、自分に自身が持てなかったり、少し注意を受けるだけで気持ちが落ち込んでしまったりする生徒たちである。「どうせ僕なんか」という言葉もよく聞かれる。「相手の話を聞き、指示どおり作業する」や「道具を安全に使う」を主に身につけたい力として挙げられている生徒である。

③評価に力をおいた実践

評価の方法は、自己評価、教員の評価、第3者評価である。第3者評価は、親方による評価で現場でその場でつけてもらえる即時評価の形をとっている。生の声でその日の状況を見て評

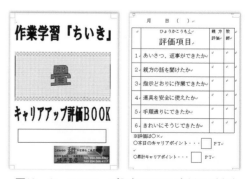

図10　キャリアアップ評価BOOK　表紙及び中身

写真3　作業、評価の様子

価できるように、親方と教員が共通理解を図り、評価表を作成した。項目、内容については、基本的な働く力をベースに、誰もが評価しやすく、記入しやすい形式のものにし、親方も生徒もすぐに分かるようにした。また、いつでもどこでも見たり、書いたりできるように、メモ帳サイズの携帯評価Bookとした。

キャリアアップ評価BOOKは、本校印刷班が作成したことや、手のひらサイズであるため、生徒たちには好評であった。評価は、◎は10点、○は8点と点数制をとっている。親方からの評価の際には、「○○をもう少しがんばってほしい」と言葉を掛けてから記入してもらっている。生徒たちは、その場で評価を受けることで、次は、「○○をしっかりやりたい」と言語化し、次につなげようとする姿が見られるようになった。

評価ポイントを可視化したことで、どの力が強くて、どこに弱さがあるのかを自分で確認することができた。

評価を分かりやすくしたことで、次に何を目標に作業すればいいのかが生徒自身で分かるようになってきた。親方に対しては、「何を気をつければいいですか」と評価に対して質問できるようにもなってきているので、この姿を大切に実践を積み重ねていきたいと考える。

図11　キャリアアップ評価ポイントの可視化

第Ⅲ部◆キャリア教育の広がり

① 発達障害のある人の社会参加を促すキャリア発達支援の実際

文京学院大学　教授　松為　信雄

　キャリア発達を促す活動は、学校教育の現場に限られるものではない。まして、第Ⅰ部で指摘されるように、そうした活動が共生社会の形成に向けた展望に結びつくのなら、学校外の場でも、キャリア発達を促す一貫性のある系統的な学習・指導を積極的に進めるべきだろう。

　ここでは、発達障害の親御さんの活動に焦点を当てた、学校外の場でのキャリア発達を促す学習・指導のあり方を検討する。

1　キャリア発達の支援のあり方

　特別支援教育におけるキャリア教育では、キャリア発達を促すための基本的な方向として、①個々人のキャリア発達を支援すること。特に、発達段階や発達課題に対して適時性や系統性に配慮した学習・支援の諸活動を展開すること。②働くことへの関心や意欲の高揚と学習意欲の向上を目指すこと。③職業人としての資質や能力を高める指導を充実すること。④自立意識の涵養と豊かな人間性を育成すること、などが指摘されている[1]。

　また、キャリア教育の基盤となるキャリア発達論では、生涯にわたる役割や環境および出来事との相互作用と捉えたライフキャリアの概念は不可欠であるとされている。これは、人生における役割の多様性は、生涯をとおして関わりを持つ様々な社会集団との関係から規定される。また、そうした種々の役割にどのように主体的な関わり方をしながら発達の過程をたどるかによって、個人のライフスタイルが構成されるとされる。さらに、種々の役割が自分にとってどれだけ重要かは、①その役割にどれだけ思いを込めるかという態度や情意的側面、②その役割にどれだけエネルギーを投入するかという行動的側面、③その役割の情報をどれだけ得ているかという認知的側面によって決まるとされる。種々の役割を、生涯をとおしてどのように統合化して費やす時間とエネルギーをどのように配分するかによって、ＱＯＬ（生活の質）が定まるという[2]。

　このように、キャリア教育は、発達段階や発達課題に対して系統性に配慮した学習・支援の諸活動を展開するとともに、職業人を含めて自己と他者や社会との適切な役割関係を構築する力を育てることを目指す。特に、発達の過程が初期段階になるほど、人生における多様な役割を遂行する基盤つくりが重要となろう。だが、

その成果を得るには、学校教育だけではなく、学校を離れた家庭や地域社会の中でも一貫した教育や支援が必要だろう。自立して生きる力や働く力などの育成は、家庭での日々の生活の中での育成が不可欠である。

そのためには、親御さんがキャリア教育の理解を深めて、本人が自発的に取り組むことができるように導く工夫が必要である。特に発達障害の児童生徒で普通校に通学する場合には、その必要性はきわめて高いものがあり、学校外でのキャリア発達支援の重要性が増している。

2　学外でのキャリア発達支援

(1)　発達障害の児童生徒の親

発達障害の子供のキャリア発達の支援をするのに、なぜ親に焦点を当てた支援が必要なのだろうか。それは、親は子供の支援に対して孤独な闘いを強いられることが少なくないからである[3]。

親の多くは、子供が抱える課題の解決に向けて悩みつつ、情報収集などを通して必死に支援するのだが、周囲の人たちの理解をなかなか得ることができないことがある。そうした親御さんの意識や態度は、図1に示すように、子供に発達障害があることを知ってから、それを受け入れるまで紆余曲折をたどる。そのプロセスを経て迷いを乗り越えていければ良いのだが、中には「未認知の時期」や「悩みの時期」を引きずってしまう人もいる。そうした親御さんは、就職活動にあたって障害を開示するか否かに迷った時でも他者に相談することができないことも多い。

これらは、親御さんが子供の発達障害とどう向き合うかによって、子供のキャリア形成の道筋は大きく変わることを推測させよう。それゆえ、可能な限り、親御さんは早い時期から現実を受け入れながら、「自分の行動次第で、子供は自立して働き、充実した、満足のいく人生を送ることができる」と前向きに考えて、適切な対応をとることが望ましいのである[4]。

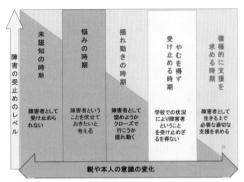

図1　障害に対する親・本人の迷い

(2)　キャリア発達の課題と家族の対処

こうしたことから、発達障害のある子供の働く力や自立して生きる力を身につけさせるには、親御さん自身が長期的な視点に立って、子供の人生を考えて支えることが重要であると言い得る。子供の将来設計を可能な限り早い段階から思案して、家庭内にあって社会生活の基礎を身につけさせたり、人的なネットワークをつくっていったりすることが重要なのである。

こうした、子供の人生段階ごとに直面する課題やそうした時期に親御さんが直面する課題、そしてそれらへの対処方法を示したのが、表1である。これは、発達障害の子供を持つ親御さんたちが自らの体験を踏まえてまとめたものである[5]。

これによれば、発達障害のある子供の生涯に

❶ 発達障害のある人の社会参加を促すキャリア発達支援の実際

ステージ	子どもの状況	親の状況	障害への対応要点	家庭の対処方法
就学前 (幼稚園)	・狭い興味、関心、こだわり、一人遊び ・集団でのトラブル顕在化（ルール理解、トラブル、パニック） ・ことばの遅れ、言葉の指示が通らない	①問題行動、育児に自信喪失 ②家庭内での負担増、保護者から孤立 ③相談機関（専門家）の情報と障害受容で悩む	家族関係（家庭力）強化	①客観的な視点で問題整理と冷静な対応 ②家庭内での共通認識と母親のメンタルケア ③専門家への相談、地域の支援機関の情報収集 ④幼稚園・小学校の情報収集と理解啓発
小学校	・パニック、集団行動が苦手、孤立 ・離席・学習の遅れ、目立たない（埋没） ・コミュニケーションのまずさ ※いじめ	①問題行動への強い矯正、兄弟関係 ②都合の良い情報のみ受け入れる ③担任・保護者との関係（障害特性の無理解への悩み・不安・不満）	特性理解と理解者・仲間を得る	①社会経験の拡大と家庭での役割実行・兄弟関係調整 ②学校、保護者への障害特性の理解啓発、親の会等の情報収集
中学校	・自身の気づき、集団に合わせようと努力 ・学習の遅れ、学習意欲の減退 ※ストレス、自信喪失、低い自己肯定感	①学習の伸長に関心、伸ばす取り組み ②生活面（生活習慣）の軽視 ③上級学校への期待（入学が目標）	肯定的な自己理解の促進と得意を伸ばす	③コミュニケーション・学習への補完 ①年齢相応の対応、自尊心・プライバシーへの配慮、障害特性の告知 ②長期的な見通しと学校選択
高校 大学	・社会性の課題、生活スキル不足、友人関係での悩み ・進路（進学・就職）の悩み	①学歴へのこだわり、学校への期待 ②就労への期待・希望と現実 ③生活面軽視	就労を見据えたキャリア教育	③生活習慣・スキルの確立、得意の確認 ①自立・就労に向けたスキルの獲得 ②情報収集と特性情報提供、適切な進路決定
就労前期 (〜30)	・希望・期待とのズレに悩む ・職場の人間関係、異性関係での悩み ・安定出勤に課題（余暇）	①就労先の過度な期待と現実・不満 ②兄弟の独立・結婚 ③祖父母の介護	安定雇用に向け後方支援と親自身の老後を考える	③支援機関の情報収集、見学 ①支援機関・相談機関の登録・連携 ②生活面・健康面・ストレス等の把握と支援
壮年期 (〜40)	・マンネリ化から就労意欲の減退 ・離転職・自信喪失 ・家庭環境の変化が就労面に影響	①子どもへの関心・支援が薄まる ②親の定年、介護、体力の衰え ③支援機関への依存	親亡き後を考え自立の実現	③健康管理・金銭管理 ①親子で今後の生活についての確認 ②生活の場・支援機関（医療機関）の見学・確保と引き継ぎ
高齢期 (50〜)	・将来の生活・健康面の不安、孤独 ・仕事の悩み・就業意欲の減退 ・支援者（支援機関）との関係にズレ	①健康面の不、子どもへの精神的面での依存（同居を望む） ②片親・家族構成の変化	親から支援者へ移行	①支援者への引き継ぎ ・金銭管理、権利擁護他

表1 キャリア発達における子供・親の状況と対処

及ぶキャリア形成の過程で、様々な課題に直面する可能性がある。親御さんはそれに対処する場合、子供のキャリア発達の段階的過程を見越したうえで、今の時点で何を支援すべきかを考えることが重要だろう。将来のために今できることは何かを考えて、愛情と冷静さを持って行動することが望まれよう。また、発達課題が異なるステージに参入する際の移行期は、それ以前の人生とは異なる社会的環境の中で新たな役割を遂行して適応するための準備期間であり、こうした移行時期には特に注意深く関心を持って支援することが望ましいだろう。親御さんの中には、子供の高校卒業や就職を境に支援機関との関係を断つ例がみられるが、それ以降の人生においても幾多の支援が必要であることから、継続的に支援機関とのつながりを保つことが望ましいだろう。

3 キャリア発達支援の方策

(1) 障害のある人の能力構造

子供が自立して働き、生きていくうえで基盤となる力を体得するには、親御さんは何をすることが望ましいだろうか。

一般に、職業人としての役割を果たすのに必要な能力は、図2に示す階層構造としてまとめ

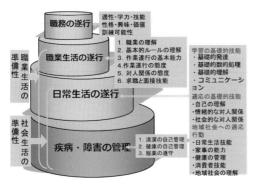

図2　能力の階層構造

ることができる[2]。これは、最上層の「職務の遂行」は特定の仕事をするうえで必須の能力であるのに対して、中・下層の「疾病・障害の管理」や「日常生活の遂行」は、地域の中で日常的な生活を営むために必要な「社会生活の準備性」に係る能力である。また、これに「職業生活の遂行」を加えると就職し働くうえで基盤となる「職業生活の準備性」に係る能力である。

キャリア発達を促すキャリア教育は、これらの下層から上層に至る諸能力を学校教育の全体を通して系統的に育成してゆく過程といえよう。特に、「職業生活の準備性」の諸能力については、生産活動に従事する以前から獲得しておくべき能力であり、障害がない人であれば、幼少期からの様々な経験や学習を通して段階的に身につけていくものであろう。だが、発達障害があると、これらの諸能力の体得が不十分なまま成長していくことも多い。その結果、社会人として労働市場に参入する時期になると、職場や社会生活で不適応の状況に陥りやすくなってしまう。それゆえ、学校教育ばかりでなく、学外のさまざまな場面で、「職業生活の準備性」の具体的な内容にある、「健康の自己管理」や「家事の能力」、「対人関係の態度」などを体得

させることが望ましいのである。家庭内でこうした能力を育むことが、子どもが「自立して働き、生きていく力」をつけるうえ有用なのである。

(2) 学校外でのキャリア教育の視点

能力の階層構造性、特に職業生活の準備性の要件に焦点を当てた、学校外、特に家庭でのキャリア教育の視点として次のことが指摘できる[5]）。

第1に、生活のリズムを整えることである。規則正しい生活習慣が確立されていれば、職業人として継続して働き続けられる可能性が高まる。さらに、生活習慣の訓練や学習をとおしてできることが増えることによって、学習による達成感を学ぶことだろう。

第2に、役割行動を身につけさせることである。人生は、子供・学生・職業人・家庭人といった様々な役割の連続であり、役割を通して他人や社会と関わりを持つことになる。それゆえ、成長・発達の過程で、家事の分担や学校での係を任されたりするなかで、役割にふさわしい行動をとる大切さを学習していくことが重要である。

特に、発達障害のある児童生徒は、障害特性によって役割行動が身につきにくい傾向があるため、成長の過程をとおして様々な場面にふさわしい役割行動を自ら体得していくよう支援することが必要だろう。

第3に、判断能力を養わせることである。親が必要以上に干渉したり決めるのではなく、子供が自分で物事を決められるように促すことが必要である。また、様々な経験を積ませたり他者との関わりを蓄積させることを通して、場面に即した対応や自己決定の仕方を学習させてゆ

くことが重要だろう。

　第4に、少しずつ自立を促すことである。子供の特性や発達の度合いを見極めながら、自分1人でできることを増やしていくように支援する。日常生活の自立努力をさせることで、子供は達成感を得ることができるし、他人からの賞賛を得て自己肯定感や自信も生まれよう。子供が幼いころは過保護的なくらいに愛情を注いでいても、思春期になれば子供との向き合い方を変えて、対等に話し合えたり相談し合える関係になることが望ましいだろう。

　第5に、人的ネットワークを大切にすることである。親が子供を自立させるということは、家族以外の様々な社会的・人的ネットワークに子供を委ねることである。友人や知人あるいは地域の人々と交流を持つことで、絆を強めて親から自立していく。

　だが、発達障害でコミュニケーションが得意でない場合には、他人と密な関係を築く機会が少なくなりがちになろう。そのため、子供の将来を考えたると、親は意識的に、子供自身が気軽に相談できる応援団としての人的ネットワークを子供の周りに意識的に築いていくことが必要だろう。

(3) 学外キャリア教育の実践例 ―「Wing」の取り組み

　学外でのキャリア発達を育成するプログラムは、特に、NPOを中心として各地で展開されてきている。その中の1つとして私が関わってきた「Wing-Pro」について紹介しておこう[6]。

　これはLD親の会「けやき」の有志が立ち上げたNPOであり、専門家やハローワーク、就労支援センター等の支援組織、ボランティアの協力を得ながら、発達障害の子供を持つ親自身が役割分担をし、自主的にプログラムの企画・運営を行っている。単なる子供のためのキャリア講座ではなく、親自身も一緒になって学習することに大きな特徴がある。

　この目的は、①発達障害のある子供が、自己理解を深めるとともに、それを踏まえた生き方―特に働くことを含めた人生設計―について具体的に考える機会を提供する、②発達障害のある子供を持つ親が、講座を併行して受講することにより、障害を理解し、子供の健全な育成に向けた親のあり方について学ぶ機会を提供する、③発達障害のある子供に焦点を当てたキャリア教育・進路指導のためのプログラムを確立する、ことにある。子供には、学校では学ぶ機会のないキャリア形成に必要な4つの能力―人間関係形成・社会形成能力、自己理解・自己管理能力、課題対応能力、キャリアプランニング能力―を体系的に学習する機会を、親には、キャリア育成の重要性を知り、今なすべき教育・支援のあり方について学ぶ機会を提供することとした。

　講座の運営は、受講生が「自分がどの程度働くことについて知っているか」「自分の得意なことや苦手なことは何か」「働くことに向けて自分に必要なことは何か」についての気づきを促すとともに、他者に認められたり、課題（役割）をやり遂げる経験を蓄積させる。それによって、自己肯定感を高めるように配慮している。具体的には、「メモを書く」「聞き方・伝え方を学ぶ」「先輩の話を聴く」「働くことをイメージする」「自己アピールシートの作成」といったテーマに沿って、外部講師の講演やスキルの練習体験、企業見学等が行われる。また、毎回の

講座では、開始の冒頭に前述の4つの能力を説明するとともに、当日の学習ポイントを分かりやすく言語化・視覚化した「キーポイントマスター」を提示する。さらに、終了時には「振り返り表」で学習ポイントを再確認させた。

1年間の講座を通して、受講生には、職業（仕事）に関わる様々な事柄について考えさせるとともに、地域で生活する際の基本的マナーや仲間との人間関係を学ばせる。また、親は、就労や自立に関する知識、家庭教育や支援のあり方、自分の子供を客観的に見る視点をについて学べるようプログラムが組まれている。

4 雇用促進法の改正と対処

平成30年度から法定雇用率が2.0%以上になり、新たに精神保健福祉手帳の保持者が加わることになった。また、これに先立って平成28年から企業に障害者差別の禁止と合理的配慮における提供義務が企業に課せられることになる[7]。これらは、発達障害のある人は障害者手帳を持つことによって雇用の門戸が大きく開かれることを意味する。

だが、同時に、合理的配慮に対応するには、障害のある求職者は、①自分の得意・不得意な分野を自覚し、それを実体験として理解できていること、②不得意な分野への対処方法を知っており、その解消に向けて努力していること。併せて、得意分野も伸張させていること、③得意・不得意分野の特徴や対処の仕方について、他者に説明できること。また、必要に応じて援助を要請できること、④不得意分野を受け入れること。それは、障害の診断を受け入れたり、障害者手帳を取得することも視野に入れること。⑤どんな状況でストレスを受けるのかを把握し、その逃し方や対処方法についてのセルフコントロールを体得すること、などが求められよう。

これらは、学校教育の場に留まらず、学校外の場でのキャリア発達を促す系統的な学習・指導のもとでも積極的に進めるべきだろう。

（文献）
1）文部科学省：「キャリア教育の推進に関する総合的調査研究協力者会議報告」,2004
2）松為信雄・菊池恵美子（編）：「職業リハビリテーション学」, 協同医書出版社,2006
3）奥住秀之（監修）・松為信雄：「発達障害のある子の進学と就労」, 成美堂出版, 2014
4）新堀和子：就労自立に向けて親がすべきこと,神奈川LD等発達障害児・者親の会にじの会,2011
5）松為信雄：「発達障害の子どもと生きる」, 幻冬舎ルネッサンス, 2013
6）松為信雄（監修）：「親の企画運営するキャリア教育 〜Wing（親の会けやき）の挑戦」, WING, 2011
7）厚生労働省：「雇用の分野における障害者と障害者でない者との均等な機会若しくは待遇の確保又は障害者である労働者の有する能力の有効な発揮の支障となっている事情を改善するために事業主が講ずべき措置に関する指針」http://www.mhlw.go.jp/stf/houdou/0000078980.html,2015

第Ⅲ部◆キャリア教育の広がり

❷ 重度・重複障害のある子供のキャリア発達支援を考える

独立行政法人国立特別支援教育総合研究所　主任研究員　大崎　博史

「重度・重複障害のある子供達にとってのキャリア教育って一体何をすると良いのですか。」「キャリア教育は、職業教育のことではないのですか。だから、あまり重度・重複障害のある子供達には関係ないのでは。」という質問をよく受けます。この課題は、特別支援教育にキャリア教育の理念が入ってきて以来、ずっと問われ続けてきた課題です。

本稿は、重度・重複障害のある子供にとってのキャリア発達とは何か、キャリア発達を支援することの意義や重要性について述べます。

1　重度・重複障害とは何か

「重度・重複障害」とは、一般的には、知的障害と肢体不自由を併せ有する人や、言語の表出があまりみられない人、医療的ケアが必要な人をイメージすることが多いですが、実は「重度・重複障害」という障害について、明確に定義したものはありません。

教育関係では、昭和50（1975）年の文部省特殊教育の改善に関する調査研究会が報告した「重度・重複障害児に対する学校教育の在り方について（報告）」に基づき「重度・重複障害」について以下のように説明されることが多いです。

1つめに「障害の状況」において、（学校教育法施行令に規定する視覚障害・聴覚障害・知的障害者・肢体不自由・病弱の各障害等を）二つ以上の障害を持つ者です（表1）。

2つめに「発達の状況」からみて、精神発達が著しく遅れていると思われる者です。「発達の状況」とは、身辺自立、運動機能、社会生活の程度を示しています。

3つめに「行動の状況」からみて、特に著しい問題行動があると思われる者です。「行動の状況」とは、破壊的行動や多動傾向、異常な習慣、自傷行為、自閉性、反抗的行動等を示しています。

4つめに、これらの「発達の状況」や「行動の状況」からみて、精神発達がかなり遅れており、かつ、かなりの問題行動があると思われる者です。

この報告書では、学校教育法施行令の規定をはじめ、「発達の状況」、「行動の状況」を総合的に判断して「重度・重複障害」という障害をとらえていることがわかります。

表1　特別支援学校の対象となる障害の程度

区分	障害の程度
視覚障害者	両眼の視力がおおむね0.3未満のもの又は視力以外の視機能障害が高度のもののうち、拡大鏡等の使用によっても通常の文字、図形等の視覚による認識が不可能又は著しく困難な程度のもの
聴覚障害者	両耳の聴力レベルがおおむね60デシベル以上のもののうち、補聴器等の使用によっても通常の話声を解することが不可能又は著しく困難な程度のもの
知的障害者	1．知的発達の遅滞があり、他人との意思疎通が困難で日常生活を営むのに頻繁に援助を必要とする程度のもの 2．知的発達の遅滞の程度が前号に掲げる程度に達しないもののうち、社会への適応が著しく困難なもの
肢体不自由者	1．肢体不自由の状態が補装具の使用によっても歩行、筆記等日常生活における基本的な動作が不可能又は困難な程度のもの 2．肢体不自由の状態が前号に掲げる程度に達しないもののうち、常時の医学的観察指導を必要とする程度のもの
病弱者	1．慢性の呼吸器疾患、腎臓疾患及び神経疾患、悪性新生物その他の疾患の状態が継続して医療又は生活規制を必要とする程度のもの 2．身体虚弱の状態が継続して生活規制を必要とする程度のもの

2　重度・重複障害のある子供の進路と将来の生活

　重度・重複障害のある子供のキャリア発達を考える上で、特に重要になるのが、その子の学校卒業後の進路と将来の生活をイメージできるかという点です。まずは、重度・重複障害のある子供の学校卒業後の進路先には、どのようなところがあるのか考えてみましょう。

　文部科学省では、毎年度、学校基本調査を実施し、その中で各障害種別の特別支援学校に在籍する生徒の、学校卒業後の進路先の状況等についてとりまとめています。

　表2は、特別支援学校中学部における、平成25年3月卒業者の状況です。この表をみると、特別支援学校（視覚障害）中学部の卒業生197名全員が高等部等に進学しています。また、特別支援学校（聴覚障害）中学部卒業生507名中、506名（99.8％）も高等部等に進学しています。その他、特別支援学校（知的障害）中学部卒業生6,957名中、6,837名（98.3％）、特別支援学校（肢体不自由）中学部卒業生1,532名中、1,511名（98.6％）、特別支援学校（病弱）中学部卒業生375名中、343名（91.5％）も高等部等に進学しています。このように、各障害種別の特別支援学校の中学部卒業後の進路は、いずれも高等部等への進学者が圧倒的に多いことがわかります。

　それでは、特別支援学校（高等部本科）の卒業後の状況はどうでしょうか。表3は、特別支援学校高等部本科の平成25年3月卒業者の状況です。この表をみると、特別支援学校（視覚障害）高等部本科卒業生389名中の進路先で一番多いのは、社会福祉施設等171名（44.0％）、次いで進学115名（29.6％）となっています。

　特別支援学校（聴覚障害）高等部本科卒業生502名中の進路先で一番多いのは、進学199名（39.6％）、次いで就職187名（37.3％）です。特別支援学校（知的障害）高等部本科卒業生16,387名中の進路先で一番多いのは、社会福祉施設等10,543名（64.3％）、次いで就職4,592名（30.2％）です。特別支援学校（肢体不自由）高等部本科卒業生1,772名中の進路先で一番多いのは、社会福祉施設等1,465名（82.7％）、次いで就職126名（7.1％）です。特別支援学校

表2　特別支援学校(中学部)卒業後の状況(平成25年3月卒業者)

卒業後の状況：特別支援学校（中学部）平成25年3月卒業者
（文部科学省初等中等教育局特別支援教育課平成26年(2014)年「特別支援教育資料」より）

区分	卒業者	進学者	教育訓練機関等	就職者	社会福祉施設等	その他
計	9,568人 (100.0%)	9,394 (98.2)	12 (0.1)	1 (0.01)	79 (0.8)	82 (0.9)
視覚障害	197 (100.0)	197 (100.0)	―	―	―	―
聴覚障害	507 (100.0)	506 (99.8)	―	―	―	1 (0.2)
知的障害	6,957 (100.0)	6,837 (98.3)	2 (0.03)	1 (0.01)	61 (0.9)	56 (0.8)
肢体不自由	1,532 (100.0)	1,511 (98.6)	―	―	8 (0.5)	13 (0.8)
病弱	375 (100.0)	343 (91.5)	10 (2.7)	―	10 (2.7)	12 (3.2)

上段は人数、下段は卒業者に対する割合、四捨五入のため、各区分の比率の計には必ずしも100％にならない。

表3　特別支援学校（高等部本科）卒業後の状況（平成25年3月卒業者）

卒業後の状況：特別支援学校（高等部本科）平成25年3月卒業者
（文部科学省初等中等教育局特別支援教育課平成26年（2014）年「特別支援教育資料」より）

区分	卒業者	進学者	教育訓練機関等	就職者	社会福祉施設等	その他
計	19,439人 (100.0％)	482 (2.5)	436 (2.2)	5,387 (27.7)	12,422 (63.9)	712 (3.7)
視覚障害	389 (100.0)	115 (29.6)	8 (2.1)	52 (13.4)	171 (44.0)	43 (11.1)
聴覚障害	502 (100.0)	199 (39.6)	33 (6.6)	187 (37.3)	71 (14.1)	12 (2.4)
知的障害	16,387 (100.0)	83 (0.5)	302 (1.8)	4,592 (30.2)	10,543 (64.3)	507 (3.1)
肢体不自由	1,772 (100.0)	42 (2.4)	49 (2.8)	126 (7.1)	1,465 (82.7)	90 (5.1)
病弱	389 (100.0)	43 (11.1)	44 (11.3)	70 (18.0)	172 (44.2)	60 (15.4)

上段は人数、下段は卒業者に対する割合、四捨五入のため、各区分の比率の計には必ずしも100％にならない。

（病弱）高等部本科卒業生389名中の進路先で一番多いのは、社会福祉施設等172名（44.2％）、次いで就職70名（18.0％）となっています。このように、特別支援学校高等部本科卒業者の進路先については、各障害種別の特別支援学校で異なっていますが、全体としては約6割の生徒の進路先が、社会福祉施設等となっています。

中学部卒業後には大多数の生徒が高等部等へ進学する傾向にありますが、高等部本科卒業後はさまざまな進路に分かれます。

これら特別支援学校の卒業後の状況調査だけでは、重度・重複障害のある子供達の進路先の詳細については明らかではありません。一般的に重度・重複障害のある子供の進路先については、以下のような進路先が考えられます（表4）。

表4　重度・重複障害のある子供の進路先（例）

> ①自宅での療養。（居宅での療育、各種介護サービス等の利用、ショートステイ等の利用。）
> ②障害者支援施設等への入所や通所
> ③病院等での療養
> ④グループホーム等での生活

まずは、これらの進路先での生活をイメージして、重度・重複障害のある子供の将来の姿を考えていく必要があります。

神奈川県にある、社会福祉法人みなと舎の理事長である飯野雄彦氏（1997）は、施設「ゆう」の広報誌「たまごむし」第1号の中で、「普通に暮らすことの大切さ」について述べています。その文章には、「私たちが日々『普通』にしていること、当たり前に思っていることの一つ一つに人生の大切な事や喜びがたくさん含まれている。『人として普通に生活すること』の当たり前が、社会的にハンディが大きければ大きいほど難しいという現実。街の中で、人びとの中で『普通に暮らしていく』、その『普通』をしたい。」と述べています。重度・重複障害のある子供の将来の生活する姿をイメージする第一歩が、この子供達の日常生活、すなわち「普通に暮らすこと」をイメージすることかもしれません。その中で、「普通に暮らすこと」の障壁となっている、環境因子を含めた要因等について考えることが重要です。

3　重度・重複障害のある子供のキャリア発達とは何か

文部科学省（2006）の「小学校・中学校・高等学校キャリア教育推進の手引」では、「キャリア発達」とは、「社会との相互関係を保ちつつ自分らしい生き方を展望し、実現していく過程」と述べています。この中の「社会との相互関係を保つ」とは、「社会における自己の立場に応じた役割を果たすということ」をさし、また「自分らしい生き方」とは、「様々な役割をその時々の自分にとっての重要性や意味に応じて果たしていこうとすること」と述べています。

私は、重度・重複障害のある子供のキャリア発達においても、あらゆる方法で人や社会とかかわりを持ちながら、その子自身が、自分らし

い生き方を展望できることが大切だと考えます。いわば、その子自身がさまざまな方法で、「自立」と「社会参加」を目指すことという言葉が適切かもしれません。そのためには、まずは、その子にとって皆と同じような「普通の生活」を送るために必要なことは何かを考えることが重要だと考えます。

4　重度・重複障害のある子供の抱える困難さを理解する

重度・重複障害のある子供のキャリア発達を考える上で、子供の抱える困難さを理解する必要があります。前述したように障害があることや、発達や行動面でさまざまな課題があったり、社会的なハンディがあったりするなど、以下のような困難さを抱えた中で生活していることが推測されます（表5）。

表5　重度・重複障害のある子供が抱える困難さ

①併せ有する一つ一つの障害から生じる困難
②一つ一つの障害が重複した場合に追加・増幅して生じる困難
③重複障害の困難を理解していないために、周囲の人が不適切な関わりをすることで生じる困難

第1点の重度・重複障害の「併せ有する一つ一つの障害から生じる困難」です。この困難を改善・克服するためには、重度・重複障害のある子供が併せ有する一つ一つの障害についての基本的な理解と主要な支援方法を押さえておくことが重要です。

第2点の「一つ一つの障害が重複した場合に追加・増幅して生じる困難」ですが、単に一つ一つの障害から生じる困難が加算的に「追加」されるだけでなく、相乗的に「増幅」されるということを理解することが重要です。

そして、第3点は、特に重度・重複障害のある子供に留意して考える必要があります。「重度・重複障害の困難を理解していないために、周囲の人が不適切な関わりをすることで生じる困難」です。生活すべてにおいて介助を必要とする状態にあり、しかも周囲には分かりにくい表現方法や手段しか持っていない場合、その子供の潜在的能力は極めて低く見なされがちになってしまいます。また、周囲から「障害の重い子」、「重度の障害のある児童生徒」、「重症児」等の言葉でカテゴリー化したイメージで見られ、そのイメージが先行して一人歩きしてしまっている場合にも、同じように潜在的能力が低く見なされ、本来受けるべき教育が制限されてしまうこともあります。これらのことが、その子供のキャリア発達を大きく阻害する要因にもなります。はじめから「重度・重複障害のある子供は…」という視点で関わるのではなく、まずは「一人の人間」として、その子と向かい合うということが大切です。

5　重度・重複障害のある子供のキャリア教育をどのように考えるか

重度・重複障害のある子供は、前述した通り、障害があることや、発達や行動面でさまざまな課題があったり、社会的なハンディがあったりするなど、さまざまな困難さを抱えた中で生活していることが推測されます。そのため、最初から人や社会と関わりを持ったり、自分らしい生き方を展望したりすることを求めるのは、とても難しいです。

まずは、その子がどのようなことに興味があ

るのか、どのようなことに関心を抱いているのかを把握することから始めましょう。言葉の表出がみられない場合でも、行動観察をしたり、その子と関わる人から聞き取りを行ったりして、その子が興味・関心を抱いている人やもの、場所等の把握を行うことが、その子を知るための第一歩となります。

A特別支援学校では、子供の興味・関心のあることを探るために、保護者に事前のアンケートを行い、子供の好きなものやなじみのある活動等のヒントを情報収集しています。子供が興味・関心のある事柄を探ることにより、子供が主体的に学ぶ状況をつくるための情報を得ているそうです。

次に、個別の指導計画や個別の教育支援計画を立案します。今までも、長期目標や短期目標等で、その子の1年後もしくは3年後の目標を作成してきました。しかし、せっかく立案した目標は、その子の将来の生活とどのように結びついているのでしょうか。その辺のところを検証しながら目標を設定していくことが大切です。

よく、目標設定や授業の中に「キャリア発達の視点」を入れることが大切であることが言われます。私は、「キャリア発達の視点」とは、「少し先の将来を見据えて、今、何が（どのような力が）必要なのかを考える視点を取り入れること」と考えます。その子の「学び」を丁寧に考えていくこと、そして、その「学び」がその子の将来のどこにつながるのかを考える視点を持つことが「キャリア発達の視点」を取り入れた目標設定や授業だと考えます。簡単に述べると、その子の「学び」の一部の達成度だけをみて「できる」「できない」を判断するのではありません。その子の将来の生活全体を俯瞰して、今、何が必要なのか、すなわち「（このような力をつけるのは）今でしょう！」を考えることが大切です。

例えば、朝の会の授業の中で、重度・重複障害の子供が、ビッグマックを押し、「朝の会をはじめます。」との音声が流れる場面に何度も遭遇したことがあります。しかも、教師が腕を介助して押すというものです。この活動の中に、どのような「学び」の要素があるのかは、検証する必要があります。本来は、その子の何らかの力を支援するための機器（ビックマック）であるはずなのに、いつの間にか、スイッチを押すことだけが目標として設定されている場合があります。スイッチは、その人とその周りとの外界を広げる重要な扉でもあります。扉を開くこと自体が重要ではなく、その先に何があるのかを考えた指導や支援がとても重要です。

重度・重複障害のある子供のキャリア教育を考えるに当たり、「キャリア発達の視点」を持つことが大切です。また、「キャリア」には、「経歴」の意味もあります。すなわち、その子の今後の「学び」を考えるにあたり、その子がこれまで学んできた、「学び」の履歴についても把握することが重要です。重度・重複障害のある子供の発達はとてもゆっくりで、そのスピードも一人一人異なっています。授業で、すぐに結果を求める課題を提示されても、ほとんどできないこともあるでしょう。しかし、できないからあきらめるのではなく、もしかしたら今は機が熟していないだけなのかもしれません。たとえ今はできなくても、数年後には蒔いた種から芽生えることもあるかもしれません。「まか

ない種からは何も芽生えない」ことを念頭に置いて考えていくことも重要です。このように、その子のキャリア発達を促すためには、その子の「学び」の過去、現在、未来の時間軸を含めて把握する必要があります。

6 重度・重複障害のある子供のキャリア発達を支援することの意義

ある福祉関係者との話の中で、その方が話された言葉が脳裏を離れないでいます。その言葉は「医療で（重度・重複障害のある子供の）命は救われたけれど、その後の人生は本当に救われているのだろうか（幸せなのだろうか）。」という言葉です。飯野（1997）も述べるように、「『人として普通に生活すること』の当たり前が、社会的にハンディが大きければ大きいほど難しいという現実」が、重度・重複障害のある子供達にはあります。だからこそ、重度・重複障害のある子供達があらゆる方法で人や社会と関わりを持ちながら、その子自身が、自分らしい生き方を展望できるためのキャリア発達支援を行うことがとても重要だと考えます。そのためには、重度・重複障害のある子供の「学び」を丁寧に考えることが大切で、その子達の将来の生活を支えることにつながることを、その子と関わる関係者に気付いて欲しいです。

例えば、「座位が取れる」ようになることによって、今まで二次元の世界だった視野が、三次元の世界へと格段に広がります。また、座位がとれ、手が自由に使えるようになるとさらにその子の活動の幅が広がります。また、「自分の意思を表出する」ことができることで、将来的には、自分で選んだり、自分で決めたりすることにつながります。さらに「発声が増える」ことで、人との関わりが増え、社会とのつながりが増えるかもしれません。このような「学び」の経験の積み重ねが、とても重要だと思います。

今後も、重度・重複障害のある子供達が、人や社会と関わりを持ちながら、自分らしい生き方を展望でき、その子にとって「生きていて本当に良かった。」と思える人生を歩んで欲しいです。そのためには、自分らしい人生を送るための基盤となる「学び」が必要となります。一人一人の子供のキャリア発達を支援するゴールは、授業改善ではありません。その人が自分らしい人生を送ることができたと思えることが、最大のゴールです。また、そのように思えるように、日々の指導や教育課程等を見直すことがとても重要です。

<引用文献>
文部省特殊教育の改善に関する調査研究会（1975）「重度・重複障害児に対する学校教育の在り方について（報告）」
文部科学省初等中等教育局特別支援教育課（2014）特別支援教育資料
飯野雄彦（1997）「ゆう」広報誌「たまごむし」第1号
独立行政法人国立特別支援教育総合研究所（2015）「特別支援教育の基礎基本」

第Ⅲ部◆キャリア教育の広がり

❸ 障害児・者のキャリア発達に対するアプローチの模索

早稲田大学人間科学学術院　杉中　拓央

　本稿においては、第一に、わが国の特別支援教育におけるキャリア発達支援に関して、今後は成功的教育観に基づくアウトカムの確認が説得力を持つことを論じた。第二に、近年のキャリア心理学において提唱されているポストモダン・アプローチの視点を引き、特別支援教育との親和性を確認した。第三に、キャリア発達を測定する技法として、左記アプローチのエッセンスを汲むカードソート法を取り上げ、面接法と組み合わせて試行した結果を報告した。第四に、カードソート法の結果を踏まえて、同法を実際の特別支援教育の現場に対して援用するのであれば、どのような工夫ができるかを検討した。

1　障害児・者とキャリア発達

　「障害者の権利に関する条約」が批准され、その関連法案である「障害を理由とする差別の解消の推進に関する法律」の施行を2016年の春に控えて、各教育機関においても、障害のある者に対する修学環境を整える動きがある。このことは、彼らがキャリア発達の機会に触れることを増やすための好機ともなり得る。

　しかし、環境が一層、充実するということは、同時に、その環境下において教育に携わる人員の加配や流動を迫るものであり、ともすれば教育の質の維持が難しくなる時期とも言える。そのような時、キャリア発達の概念はベテランであっても、新しく参加した人々であっても等しく扱える共通言語として、より重要さを増すと考える。学校教育は障害の有無を問わず、どの人も社会参加・貢献ができることが目的であり（尾崎，2014）、児童生徒のみならず、彼らに関わる周囲の人々もキャリア発達をしていくことが、共生社会の形成や合理的配慮の合理性の担保に結びつく。

　わが国の特別支援教育におけるキャリア教育は、1999年の接続答申以来、実施の推進及び概念の共有に時間を割いてきたとも言える。しかし「キャリア」は学際的なビッグ・ワードであり、独自の解釈による、体の良い共同採掘の場と化しているきらいもないではない。沼野（1986）は教育観を「意図的教育観」と「成功的教育観」とに分けた。教師が教えようと働きかけることで、学習者に学びが成立する、というのが「意図的教育観」の考え方であり、他方、教えようという働きかけが実際に効果を上げた

とき、学習者に学びが起こるというのが「成功的教育観」の考え方である。懸命に働きかけ、学習者の成績が向上しない際、その原因を学習者に求めがちであるが、そうではなく、自身の教え方に問題があったと責任を持つことが、成功的教育観の視座である。沼野は教育工学者であり、上述の概念は教授方略の文脈で語られたものであるが、教員を支援者・伴走者と捉え、学習者を尊重する考え方はキャリア発達支援においても援用できる。従って、今後は成功的教育観に基づき、やりっぱなしではない、キャリア教育による働きかけの、具体的な成果を認めていくことが、説得力を持ってくるのではないかと考える。

そこで本稿では、上述の視点に寄与するフレームとして、近年のキャリア心理学のアプローチに触れ、特別支援教育に対する援用を検討する。

2 特別支援教育におけるキャリア発達に対するポストモダン・アプローチ

近年においては、従来のキャリア理論が科学的・客観的・実証的な面に偏りすぎたために、教育や実践との乖離が生じているという問題意識が指摘され、Savickasのキャリア構築理論やCochranのナラティブアプローチ、Youngの行為理論など、より実践に即した理論構築が志向されている。これらはポストモダン・アプローチと総称される（下村, 2008）。

ポストモダン・アプローチは物語的・文脈的・構築的であることをキーワードとしており（下村, 2008；Sampson, 2009）、心理検査に基づいてマッチング的に適職等の診断を行う、従来型のアプローチとの対比が論じられている。ポストモダン・アプローチは、障害を有し、それぞれが異なる制約を抱える者の発達に対して親和性があり、キャリア心理学と特別支援教育とをつなぐ概念とも形容できる。なぜなら、固有の事情を踏まえた物語的・文脈的な働きかけとは、期せずして、日常的に行われてきた教員と児童生徒の双方向的な「対話」そのものであり、キャリア概念を構成するうえで不可欠でもっとも重要な要素（渡辺ほか, 2007）である個別性（individuality）を担保する行為であるとも言えるためである。

Krumboltz（1979）はBanduraの社会的学習理論をキャリア発達の観点から述べ、遺伝的・環境的特性がキャリアにかかる意思決定に影響する要因のひとつであることを指摘した。また、経済的に社会階級の低い者は援助者に乏しく、transitionの機会が阻まれてしまうというBlustein et al.（2002）の報告もある。これらの指摘は、生来何らかの制約のある者という観点から障害児者のキャリア発達を考えるとき、無視できるものではない。渡辺（2014）は「キャリア教育では子どもの興味を大切に、興味のあることをやらせる」ということを耳にするが、興味が持てる対象を増やすことが先決であり、未経験の活動に挑戦することが不可欠であることを指摘する。選択の余地のない自由は本末転倒であり、選択肢は経験をもってのみ、その数を増やしていくということであろう。Holland（1997）も、子どもの頃の経験の幅は、先天的な資質（家庭環境や親の考え方、本人の体質等）に規定されてしまうが、その範囲を乗り越えた時にこそ、独自の自己概念が形成されるとして、

教育による支援は重要であるとしている。
　時に、教員や支援者がキャリア教育に関する書籍を参考にしたり、評価ツール等を用いたりする際、まずその文言が強固なルールブックであるかのように横たわり、文言と実際の関連づけを図るあまり、児童生徒が有している個別の文脈から一度離れてしまうことで、概念の誤解や拡大解釈を起こすことがある。キャリアに関連するキーワードを指導案にちりばめ、児童生徒のキャリア発達を期待するというのは意図的教育観に他ならない。そこで逆に、児童生徒の個別の様子を踏まえるところから始め、評価ツール等の文言を引き寄せて解釈する形であれば、有効な活用が可能となるのではないだろうか。この手順の逆転こそが、当事者に対する伴走の姿勢であり、ポストモダン・アプローチであると考える。

　上述の視点をメタファー（航空機の離陸）で捉え直すと、以下のようになる。

　①教育者は管制できるが、当事者に代わって操縦することはできない。キャリア教育の諸概念は飛行条件の確認のためにあり、操縦技術を評価するものではない②当事者本人も気づいていない飛行条件（個別性・社会環境の影響）を知らせることで、飛行する方向を提案することはできる。③その過程において双方にキャリア発達が起こる。

　しかし、実証科学を教育実践に手繰り寄せる形となるポストモダン・アプローチには課題もあり、それは序論に述べたように、成功的教育観に立ち、手順の明示された働きかけによって、具体的かつ客観的なアウトカムを確認できるかという点である。この点については、近年のキャリアカウンセリングにおけるカードソート法の議論が参考になる。

3　カードソート法の実践

　カードソート法は、本来のカウンセリングツールとしての側面と、心理検査の簡易化といった側面があり、後者の使い方には批判もあるが、近年は新しいアセスメントとして、双方を折衷する動きが見られる（室山，2011）という。室山はこうした立ち位置から、カードソート法を用いて、キャリア発達に関するデータを取得しつつ、広義のポストモダン的に、個別のカウンセリングも押さえたVRTカードを提案している。そこで本項においては、実際に障害のある者に対して、VRTカードを施行した実践の例を報告する。

　VRTカードは、Holland（1997）の職業興味の6領域（RIASEC）を理論的基盤として開発された職業レディネス・テストの内容を簡略化し、かつ紙筆検査からカードソートに置き換えたものであり、同テストと同様の尺度構造を保持している（室山，2011）。職業選択はパーソナリティ表現のひとつであるというHollandの理論に根ざしており、その得点からパーソナリティタイプを探るものである。Hollandは現代的な人間のパーソナリティ≒職業興味は6域（R現実的・I研究的・A芸術的・S社会的・E企業的・C慣習的）に収斂するとしており（**表1**）、同様の環境的特徴を持つ職場に属することが理想であるとした。また、Hollandは多様な人々を相手にカウンセリングを重ねた経験から、キャリア発達段階説（多くの人間が単一の発達過程

表1　RIASECの6領域（独立行政法人労働政策研究・研修機構, 2011）

R：現実的領域	機械や物を対象とする具体的な活動
I：研究的領域	研究や調査のような活動
A：芸術的領域	音楽、美術、文芸などの活動
S：社会的領域	人に接したり、奉仕をするような活動
E：企業的領域	企画したり、組織を動かすような活動
C：慣習的領域	定まった方式や規則に従って行うような活動

をたどる）を批判し、個々の発達と環境との相互作用による構造的発達を唱えている。

VRTカードは全部で54枚あり、1枚ごとに職務内容が平易な言葉で記されている。検査は興味（やりたい～やりたくない）と自信（自信がある～自信がない）の双方について、3件法で各カードを分類する形で進行する（所要時間各5分）。各カードは先述した職業興味の6域（1域につき9枚）に対応しており、得点が蓄積される。

分析の観点は、6領域の最低点と最高点の差分から方向の分化と未分化を確認すること、及び職業興味方向の一貫性（RIASECを六角形にすると、RとI等、隣接するものは結びつきが強く、RとS、IとEのように対角にあるものはそれぞれ反発することが確認されており、職業興味の明確化を意味する）を確認すること等が主である。また、その明示的な結果をもとに、カウンセリングが行える。

今回は聴覚障害のある高校生、大学生各1名に対して試した結果を紹介するが、上述したカードソートの作業の後に、面接を組み合わせた。カードソートの結果を、筆者の開発したソフトを用いて即時集計を行い、対象者の分類が終了すると同時に集計結果を提示することで、感想を求めた。そして、結果を参照しながら、対象者の将来展望と、その根拠について聞き取りを行った。（e.g.○○をする仕事に興味があるのですか？それはなぜ？）続いて、興味に比して自身の得点が下回る職業についても、その理由をたずね、障害等の変数が将来展望に与えうる影響について把握した。また、会話内容が職業興味から離れても聴き取りを続けた。これは、対象者が対話の主導権を持つことで学校や家庭の様子に話題が派生し、新たな発見に至ることが多いためである。

結果はグラフに布置できる（図1）。点線は興味を、実線は自信を示している。一個目のグラフは高校生のものであり、各領域に満遍なく興味が伸びている。すべての領域で、興味に比して自信が下回っている。将来の希望はこれといったものがなく、大学受験を控えているが、特に大学でやりたいこともないので困っているという。複数の大学名を述べ、自分のレベル的にはこの辺だから、どれかに入れれば良いと語っていた。日々の生活における聴覚障害の影

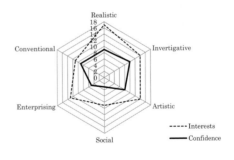

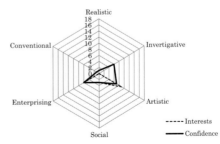

図1　結果の一例

響はとても大きく、まず、できないことから考えてしまうとのことで、興味に比べて自信が低いというのは、そのあらわれかも知れないと自己分析をしていた。

「ものづくりに興味があるけれども、結局ものづくりもコミュニケーションですよね」という語りが印象的であった。

二個目のグラフは大学生のものである。一個目の高校生のグラフに比べ全体的に小振りであるが、興味に関しては芸術的領域に対して方向感が出ており、自身も開口一番「やっぱり」と納得の表情であった。デザイナーで食べて行ければいいなとの語りがあり、実際にデザイン関連の勉強を進めているとのことである。進路選択に対する障害の影響はあるそうで、デザインが好きだから、この道を志していることは間違いないというが、こうした領域が障害の影響を受けにくいのではと考えていたという読みもあるという。企業的領域に対しても興味が伸びている理由は、何かを取り仕切ることに関心があり、サークル等でも頼られるからかな、とのことであった。あるいは、障害がなければ、この領域に具体的な職業を見出していたかも知れない。

VRTカードの試行を総括すると、出力された内容もさることながら、結果（グラフ）を根拠として面接を行うことで、被検査者主体の、豊かな語りが得られることが印象的であった。グラフを形作ったのは自身の評定がきっかけであるため、ある種の説明責任を果たすように、主体的に語ってもらうことができ、枝葉的なエピソードも多く聴取できた。

上述の取り組みは、障害種や障害の（医学的な）軽重によっては、実施が難しい側面もあろうが、手順が明示的で再現性があり、かつ得点という客観的な指標と、児童生徒の主体的な語りを同時に得られるという点で、有効であると考える。

4　カードソート法の特別支援教育への援用

これまでに見てきたカードソート法、VRTカードのフレームを、特別支援教育の現場に用いるとすれば、以下のようなアイデアが考えられよう。

a．特定の単元の事前・事後にカードソートを行い、その教育効果・影響を測定する

b．パーソナリティ検査として、職業興味と、その裏に隠れた障害の影響を測定する（表向きの興味のなかに、本当にやりたいことが隠れている、何かを我慢している等）

c．児童生徒自身の将来像の「かたまり具合」を測定する

aに関しては、作業学習や、各教科の内容に注入したキャリア発達のねらいが適当であったか、働きかけが児童生徒に影響を与えたか否かを、得点差や領域方向感、特定の職業カードへの回答をとおして、間接的に判定できる。実施の際は他の評価や振り返り、観察との併用・連携が有効であると考える。

bに関しては、カードソートを通じて、所謂ありたい・なりたい自分の兆候の表出を拾うことはできないか、ということである。例えば、先述したデザインを学んでいる学生のように、自分は組み立てを学んでいるという生徒が、組み立てを含有する現実的領域の得点を伸ばすこ

とがある。それは当然の帰結であるが、他方で、グラフを見ると別の領域に対しても同程度、得点が伸びていることがある。この理由をききとることが肝要であり、実は郵便局員がやりたくて、組み立てはやりたくないんだと言い出す者もいる（もちろん組み立てをやりたい者もいる）。では、それを尊重して、別の領域において就職することを目指しましょうとするのは、特別支援教育の範囲においては難しいこともあろうが、キャリア教育の本来的意義を取れば、できうる限り、早期に方向を転換せねばならないとも言える。自己吟味を欠いたまま年を重ねていけば、いずれ離職に至るためである。このような懸念の解消には、小・中学部段階からの早期のキャリア発達支援にかかるところが大きいと言える。

また、直接職業に関連せずとも、対象となる児童生徒がどのような性格・考え方を持っているか、その表象を探ることも有効である。ここでは割愛するが、6領域を扱った定量的先行研究は多い。そのような先行研究と比較することや、個人の性格を踏まえることは、クラスマネジメントの参考にもなる。現在の修学環境が、果たして彼・彼女にとって居心地のよいものになっているか、探索することもできるかも知れない。

cに関しては、先に述べた分化の度合や、一貫性のあるなしが参考になるが、場合によっては、経験が少ないこと等から、文言を読んでも職業イメージの湧かない場合があるため、注意を払う必要がある。そのような際は、興味と自信の回答が食い違うなど、グラフが崩れやすいことから見て取れる。高等部等においては、教育内容の影響を受けやすいことに留意し、面接等を用いて、場合によっては、影響因を減算して考える必要がある。

ここでは、先に触れた成功的教育観に基づき、キャリア発達支援のアウトカムを具体的に示すことの出来る手法の一例として、カードソート法に触れた。キャリア心理学において異なるアプローチが論じられた背景の一因は、教育実践の尊重であったが、実践に偏りすぎれば、事態はまた巻き戻るのであって、折衷案を模索していくことが課題として残る。

（備考）
本稿の一部は日本発達障害学会第50回研究大会で発表した。

（文献）
Blustein, D. L., Chaves, A. P., Dimer, M. A., Gallagher, L. A., Marshall, K. G., Sirin, S., & Bhati, K. S.（2002）. Voices of the forgotten-half: The role of social class in the school-to work transition. Journal of Counseling Psychology, 49, 311-323.

独立行政法人労働政策研究・研修機構（2011）. VRTカード結果・整理シート.

Holland, J. L.（1997）. Making vocational choices: Theory of vocational personalities and work environments (3rd ed.). Odessa, Fl: Psychological Assessment Resources. 渡辺三枝子・松本純平・道谷里英（訳）ホランドの職業選択理論-パーソナリティと働く環境．一般社団法人雇用問題研究会.

Krumboltz, J. D.（1979）. A social learning theory of career decision making. Revised and reprinted in A. M. Mitchell , G. B. Jones, and J. D. Krumboltz（Eds.）, Social learning and career decision making. Cranston, RI: Carroll Press.

室山晴美（2011）VRTカードの開発と活用の可能性の検討. JILPT Discussion Paper Series, 11（3）, 1-46.

沼野一男（1986）教育の方法と技術．玉川大学出版部.

尾崎祐三（2014）共生社会の形成を目指すうえでキャリア発達支援が目指すもの．発達障害研究. 36(3), 224-232.

Sampson, J.P. Jr.（2009）Modern and postmodern

第Ⅳ部 「キャリア発達支援研究会第2回大会」記録

1．キャリア発達支援研究会第2回大会実施概要

(1) 主　催　　「キャリア発達支援研究会」
(2) 協　力　　「ジアース教育新社」
(3) 期　日　　平成26年12月13日㈯　10：00～17：00
　　　　　　　　　　　　14日㈰　　9：00～12：10
(4) 場　所　　独立行政法人国立特別支援教育総合研究所　研修棟
　　　　　　　神奈川県横須賀市野比5－1－1【http://www.nise.go.jp/blog/koutsuu.html】
(5) 目　的
　①各校及び関係諸機関における実践や組織的な取組について情報交換し、今後のキャリア教育の充実と改善に向けての情報を得ること。
　②全国各地のキャリア教育の取組事例を基に研究協議を行い、今後の特別支援教育の充実に資する具体的方策について検討すること。
(6) 日　程

1日目	
10：00～10：30	受付
10：30～10：40	開会（主催者挨拶・趣旨説明） 連絡（キャリア発達支援研究会からのお知らせ等）
10：40～12：00	講演会 講師：尾崎　祐三氏 演題：「共生社会の形成に向けたインクルーシブ教育システムの構築とキャリア発達支援」（共生社会の形成に向けたインクルーシブ教育システム構築における、特別支援教育の推進とキャリア教育の関係について知り、共生社会の形成に向けたキャリア発達支援の意義・在り方について学ぶ機会とする。）
	昼食・休憩
13：15～15：15	鼎談「クロストーク　森脇　勤×木村宣孝」 「特別支援教育」と「キャリア教育」の出会いによって期待されること 　　～これまで、いま、これから～ 　コーディネーター：菊地　一文氏 　　　　　　登壇者：木村　宣孝氏 　　　　　　　　　　森脇　　勤氏 　　　　　　講　評：渡辺三枝子氏
15：15～15：30	休憩・会場準備
15：30～16：10	ポスターセッション①
16：20～17：00	ポスターセッション②
17：30～	懇親会(国立特別支援教育総合研究所食堂)
2日目	
9：00～ 9：10	グループ別協議に関する説明
9：10～11：10	グループ別協議
11：10～12：00	全体報告・共有
12：00～12：10	閉会

(7) 参加申込人数　　130名

2．講演会

演題：「共生社会の形成に向けたインクルーシブ教育システムの構築とキャリア発達支援」
講師：国立特別支援教育総合研究所上席総括研究員　キャリア発達支援研究会会長
　　　　尾崎　祐三　氏

3．鼎談「クロストーク　森脇　勤×木村宣孝」

テーマ：「特別支援教育」と「キャリア教育」の出会いによって期待されること
　　　　～これまで、いま、これから～

コーディネーター：菊地　一文　氏（青森県教育庁学校教育課特別支援教育推進室指導主事）
　　　登壇者：木村　宣孝　氏（北海道立特別支援教育センター所長）
　　　　　　　森脇　　勤　氏（京都市教育委員会専門主事）
講　評：渡辺　三枝子　氏（筑波大学名誉教授）

4．ポスターセッション

ポスターセッションのエントリーは31組で、前後半で在席時間を分けて発表を行った。以下、ポスターのタイトルのみ示す。

(1)　ポスターセッション①　　在席時間　15：30～16：10

A-1	京都市立鳴滝総合支援学校　生活産業科の紹介
A-2	自閉症スペクトラム児のキャリア発達を促す教育的支援 人との関わりに重点をおいた小学部児童の縦断的事例を通して
A-3	キャリア発達を促す授業づくり～より質の高い主体的行動の獲得を目指して～
A-4	「現場実習評価表のあり方　～現場実習評価者の視点から～」
A-5	就労による社会自立を目指す教育システムの機能化と実践（2）
A-6	「キャリア教育と私」　～6年間のあゆみ～
A-7	「今と将来を見据えた一貫性・系統性のある指導内容の見直しと展開」 ～生活単元学習「校外学習」を中心に～
A-8	知的障害の軽い生徒を対象とした、職業に関する専門教科を中心とした新たな特別支援学校の設置について
A-9	キャリア教育の視点から見た就労継続に影響を与える要因についての考察 ～高等部職業学科卒業生の保護者へのアンケートの自由記述の内容から～
A-10	「地域に展開するキャリア教育」（教育課程の特色）
A-11	地域に展開するキャリア教育（オフィスサポートコースの実践） ～コミュニケーション力の向上をめざした職業教育～
A-12	「地域に展開するキャリア教育　～横浜市営バス車両・営業所清掃～」
A-13	「地域に展開するキャリア教育（パン工房「わかば」の実践） ～より良いコミュニケーション力・応用力を求めて～」

A-14	「『つけたい力』に基づく小学部自閉症高学年学級の生活単元学習 ～社会性の育成を重視した掃除の学習～」
A-15	「ＰＡＴＨとＩＣＦ関連図を用いた児童の願いに寄り添う授業づくり」

(2) ポスターセッション②　　在席時間　16：20～17：00

B-1	「キャリア発達の視点に立った高等部作業学習の取り組み
B-2	「キャリア教育の視点を踏まえた教育課程改善の取り組み」 ～生徒が自立に向け、リアリティを感じながら主体性を伸ばす教育を目指して～
B-3	「キャリア教育の視点を踏まえた授業運営システムの構築」 ～生徒のキャリア発達を促す一貫性・系統性ある教科指導を目指して～
B-4	「併設病院作業療法士との連携とキャリア発達を促す取り組み」
B-5	「地域を教室に一人一人のキャリア発達を促す教育の実践」 ―学齢期12年間のつながりを見据えて―
B-6	高等部生徒の働く意欲を育てる進路学習～学校設定教科・科目「職業・実習」の授業改善～
B-7	キャリア発達の視点を踏まえた系統性のある授業づくり ～自立と社会参加を実現するための教育システムの構築及び教育プログラムの開発～ 高等部の実践…PATHとICFの活用の試み
B-8	「病気理解から夢の実現へ」　病院併設病弱特別支援学校高等部における総合的な学習の時間の取組
B-9	「生徒の夢の実現へ向けて」 ＰＡＴＨの作成を通じた教科指導・生徒指導の充実を目指した取り組みについて
B-10	「キャリアの観点位置付けシート2012東版」の作成と活用 ～キャリアの観点に基づいた振返りと授業改善～
B-11	子どもの主体的な社会参加と自立を促すための授業づくり ～個別の教育支援計画を観点に加えた指導案モデルを使って～
B-12	NIE（教育に新聞を）によるキャリア発達の試み ～憧れから自分で実践できる力の育成へ～
B-13	「キャリア教育を支える組織行動（協働体制の構築）」 ～目標管理（「重点」と「下位目標」）の試行～
B-14	文学的文章の活用によるキャリア発達の平易表現
B-15	高等学校における教職員育成～特別支援教育に焦点をあてて～
B-16	「肢体不自由特別支援学校におけるキャリア教育の推進」 ～校内体制の整備と進路支援における課題～

5．グループ別協議

(1) グループ別研究協議の目的

　グループ別研究協議では、本研究会として、今後のキャリア発達支援の充実に資する「研究的」な取組と知見の蓄積を進めるために、「キャリア教育の充実を図る上で解決すべき課題の明確化と解決方策の検討」を協議テーマとした。本研究会は、単なる「研修会」ではなく、各会員が、自ら、そして自校のキャリア教育の推進に貢献できるよう、主体的な「学び」と「アクション」を目指すものである。このため、キャリア教育の更なる充実を図る上で、核となる各分野を設定し、グルー

プ協議をとおしてそれぞれの分野における今後のキャリア教育の充実を視野に入れた課題の明確化を図るとともに、課題解決に向けた企画を提案し、参加者で共有した。

短時間ながら明確なゴールを意識した協議を進めることで、参加者のファシリテーションスキルを高めつつ、キャリア発達支援研究会の今後の取組につなげていきたいと考えた。

(2)　研究協議テーマ

「今後のキャリア教育の充実を図る上で解決すべき課題の明確化と解決方策の検討
～キャリア教育の充実に向けた分野別研究調査企画の提案～」

　　Keywordの例示
　　1．職業教育・就労支援　　2．進路指導　　3．生徒指導　　4．校内推進体制構築
　　5．教育課程・授業改善　　6．障害が重度である児童生徒のキャリア教育
　　7．地域協働の取組　　　　8．保護者との連携

(3)　協議のゴール

「各部会の分野における調査項目（案）の作成」をゴールとした。キャリア教育の充実に向けた分野別研究調査についての企画を練り、具体的なゴールとして各分野における調査項目（案）を作成することとした。ここでの「調査」は、「今日のキャリア教育推進において（各分野ごとに）最も主要な課題として認識すべきことはなにか」を把握するための「調査」であるとした。また、本「調査」は、全国の学校等に悉皆で調査依頼するところまでは視野に入れず、今回はあくまでも本研究会の会員が考える「課題意識」を把握するものとした。

キャリア発達支援研究会機関誌
「キャリア発達支援研究2」

編集委員

尾崎　祐三　（植草学園大学発達教育学部教授）

木村　宣孝　（北海道立特別支援教育センター所長）

森脇　　勤　（京都市教育委員会指導部総合育成支援課専門主事）

菊地　一文　（青森県教育庁学校教育課特別支援教育推進室指導主事）

松見　和樹　（独立行政法人国立特別支援教育総合研究所主任研究員）

武富　博文　（独立行政法人国立特別支援教育総合研究所主任研究員）

執筆者一覧

第Ⅰ部　論説
第1章
1	菊地　一文	青森県教育庁学校教育課特別支援教育推進室指導主事 広島大学大学院教育学研究科非常勤講師
2	木村　宣孝	北海道立特別支援教育センター所長
3	森脇　　勤	京都市教育委員会指導部総合育成支援課専門主事
4	尾崎　祐三	キャリア発達支援研究会会長 植草学園大学発達教育学部教授

第Ⅱ部　実践
第1章
1	古川　晶大	横浜市立日野中央高等特別支援学校
2	竹内　理恵	京都府立中丹支援学校
3	柳川公三子	富山大学人間発達科学部附属特別支援学校
4	川口　信雄	横浜わかば学園
	岡本　　洋	横浜わかば学園

第2章
5	中村　一郎	京都市立白河総合支援学校東山分校
6	野尻　　浩	千葉県立特別支援学校流山高等学園
7	山本　　仁	金沢大学人間社会学域学校教育学類附属特別支援学校
8	鈴木　雅義	静岡県立清水特別支援学校

第Ⅲ部　キャリア教育の広がり
1	松為　信雄	文京学院大学
2	大崎　博史	独立行政法人国立特別支援教育総合研究所主任研究員
3	杉中　拓央	早稲田大学人間科学学術院

キャリア発達支援研究会機関誌「キャリア発達支援研究」

■編集規定

1．本誌は「キャリア発達支援研究会」の機関誌であり、原則として1年1号発行する。
2．投稿の資格は、本研究会の正会員、ウェブ会員とする。
3．本誌にはキャリア発達支援に関連する未公刊の和文で書かれた原著論文、実践事例、調査報告、資料などオリジナルな学術論文を掲載する。
　⑴　原著論文は、理論的または実践的な研究論文とする。
　⑵　実践事例は、教育、福祉、医療、労働等における実践を通して、諸課題の解決や問題の究明を目的とする研究論文とする。
　⑶　調査報告は、キャリア発達支援の研究的・実践的基盤を明らかにする目的やキャリア発達支援の推進に資することを目的で行った調査の報告を主とした研究論文とする。
　⑷　資料は、原著論文に準じた内容で、資料性の高い研究論文とする。
　⑸　上記論文のほか、特集論文を掲載する。
　　　特集論文：常任編集委員会（常任理事会が兼ねる）の依頼による論文とする。
　　　上記の論文を編集する際は、適宜「論説」「実践編」等の見出しをつけることがある。
4．投稿論文の採択および掲載順は、常任編集委員会において決定する。掲載に際し、論旨・論拠の不明瞭な場合等において、論文の記載内容に添削を施すことがある。この場合、投稿者と相談する。
5．掲載論文の印刷に要する費用は、原則として本研究会が負担する。
6．原著論文、実践事例、調査報告、資料の掲載論文については、掲載誌1部を無料進呈する。
7．本誌に掲載された原著論文等の著作権は本研究会に帰属し、無断で複製あるいは転載することを禁ずる。
8．投稿論文の内容について、研究課題そのものや記載内容、表現方法において、倫理上の配慮が行われている必要がある。

■投稿規程

1．投稿する際は、和文による投稿を原則とする。
2．原則としてワープロ等により作成し、Ａ４判用紙に40字×40行（1,600字）で印字された原稿の電子データ（媒体に記憶させたもの）を提出すること（Ｅメール可）。本文、文献、図表をすべて含めた論文の刷り上がり頁数は、すべての論文種について10ページを超えないものとする。提出した電子データは、原則として返却しない。
3．図表は、白黒印刷されることを念頭に、図と地の明瞭な区分のできるもの、図表の示す意味が明瞭に認識できるもの、写真を用いる場合は鮮明なものを提出すること。図表や写真の番号は図１、表１、写真１のように記入し、図表や写真のタイトル、説明とともに一括して別紙に記載すること。また、本文中にその挿入箇所を明示すること。写真や図、挿絵の掲載、挿入に当たっては、著作権の侵害にあたるコンテンツが含まれないよう十分注意すること。
4．必要がある場合は、本文中に１）、２）・・・・のように上付きの通し番号で註を付し、すべての註を本文と文献欄の間に番号順に記載すること。
5．印刷の体裁は常任編集委員会に一任する。
6．研究は倫理上の検討がなされ、投稿に際して所属機関のインフォームド・コンセントを得られたものであること。

■投稿先

ジアース教育新社
〒101-0054
東京都千代田区神田錦町1-23 宗保第2ビル
TEL 03-5282-7183　FAX 03-5282-7892
E-mail：career-development@kyoikushinsha.co.jp
（Ｅメールによる投稿の場合は件名に【キャリア発達支援研究投稿】と記すこと。）

キャリア発達支援研究 2
キャリア発達を支援する教育の意義と共生社会の形成に向けた展望

平成27年12月7日　第1版第1刷発行

編　著　キャリア発達支援研究会
　　　　　　会長　尾崎 祐三
発行人　加藤　勝博
発行所　株式会社ジアース教育新社
　　　　〒101-0054　東京都千代田区神田錦町1-23 宗保第2ビル
　　　　TEL 03-5282-7183　FAX 03-5282-7892
　　　　(http://www.kyoikushinsha.co.jp/)

表紙デザイン　株式会社彩流工房
印刷・製本　株式会社創新社

Printed in Japan

ISBN978-4-86371-336-9
　○定価はカバーに表示してあります。
　○乱丁・落丁はお取り替えいたします。(禁無断転載)

career theories: The unnecessary divorce.The Career Development Quarterly, 58, 91-95.

下村英雄（2008）日本キャリア教育学会（編）．キャリア教育概説．東洋館出版社.

渡辺三枝子・大庭さよ・藤原美智子（2007） 渡辺三枝子（編著）新版キャリアの心理学-キャリア支援への発達的アプローチ．

渡辺三枝子（2014）アメリカでのキャリア発達研究の理論展開と我が国における課題．キャリア発達支援研究会（編著）．キャリア発達支援研究Ⅰ－キャリア発達支援の理論と実践の融合を目指して，ジアース教育新社．